タイ語 発音教室

Thai Pronunciation

基礎からネイティブの音まで

はじめに

発音が難しい言語の一つに数えられるタイ語。
タイ人にとっては全く違う音が、日本人の耳には同じ音に聞こえてしまうタイ語。
本書は、そんなタイ語の音をマスターするための教本です。

発音の練習をするにはネイティブが話す音をたくさん聴き、それをまねるのが一番の近道です。

でも！　聴き方・まね方にも **コツ** があるはずです。

この発音教室では、何の知識もなく聴いてまねるのではなく、上手な聴き方、上手なまね方の参考になることを解説しています。CD でネイティブの発音を聴きながら、また日本語と対比させながらタイ語の音を理解できるよう構成してあります。

タイ語を習い始めた方はもちろん、既にタイ語を話されている方にも新しい発見があるはずです。

著者

本書の構成

本書は、

『Capter 1　基礎編』』

『Capter 2　ネイティブの出す音』

『Capter 3　今後の学習のために！』

の３部に分かれ、CD を使ってタイ語の聞き取りと発音練習ができるように構成されています。

Capter 1

基礎編

タイ語を発音する上での必要な知識・コツを解説し、タイ語の音の基礎をすべて練習します。

タイ語の音を日本語との比較も交えながら解説しています。まずタイ語の音全体を出せるようになることが目標です。

ネイティブの出す音

発音記号からイメージする音とは違って聞こえる音・ナマのタイ語の音についての解説です。

この Capter では、聞き取りに関して誰もが戸惑うことについて解説します。

Capter 3

今後の学習のために！

今後のタイ語の学習で大切なことの解説です。

単語を覚えるときに、どんなことに留意すべきかということをまとめた Capter です。

スピーカーマークとCD のトラック

スピーカーマーク内の数字はCD のトラック番号を表しています。

本書の解説を参考に、CD を聴きながら Lesson 番号の順に学習を進めて下さい。

Contents

子音の日本語との対比

『カ行』	kh	Lesson 13	［P.40］
	k	Lesson 13	［P.40］
『サ行』	s	Lesson 7	［P.30］
『タ行』	th	Lesson 13	［P.40］
	t	Lesson 13	［P.40］
『ナ行』	n	Lesson 3	［P.26］
『ハ行』	h	Lesson 4	［P.27］
『ファ行』	f	Lesson 8	［P.31］
『マ行』	m	Lesson 3	［P.26］
『ヤ行』	y / j	Lesson 11	［P.36］
『ラ行』	r	Lesson 9	［P.32］
	l	Lesson 9	［P.32］
『ワ行』	w	Lesson 6	［P.28］
『ン』	～ m	Lesson 16	［P.60］
	～ n	Lesson 16	［P.60］
	～ ŋ	Lesson 16	［P.60］
『ガ行』	ŋ	Lesson 10	［P.34］
『ダ行』	d	Lesson 5	［P.28］
『チャ行』	ch	Lesson 13	［P.40］
	c	Lesson 13	［P.40］
『ジャ行』	y / j	Lesson 11	［P.36］

『ジャ行』に聞こえても『チャ行』の無気音［c］の場合もあります。

『バ行』	b	Lesson 3	［P.26］
『パ行』	ph	Lesson 13	［P.40］
	p	Lesson 13	［P.40］

発音記号による目次（アルファベット順）

分類　トラック番号［ページ］

コラム目次

Chapter 1

基礎編

Chapter 1　基礎編

この基礎編では、タイ語の音の基礎をすべて練習します。

本書にはタイ語の発音に関して、役に立つことがいっぱい詰まっているはずです。

CD の音がどんな音なのかを理解するために、解説は必ず読んでください。

当然、日本人にとって発音の難しい音もあります。でも、本書の内容をしっかり理解しておけば、本書を終えた後、タイ語を聞く量が増えるに従って難しい音も徐々にネイティブの音に近づいて行くはずです。

Section 1　母音（1）長母音

母音に関しては、この Section 1 で『長母音』を、次の Section 2 で『声調』を、その後『子音』を交えながら『短母音』および『重母音』の順に解説します。

Lesson 01　長母音

タイ語の長母音は、下記の 9 個です。

aa / ii / uu / ʉʉ / əə / ee / ɛɛ / oo / ɔɔ

タイ語の母音は日本語や英語の母音と構造的な違いがあります。でも、最初からその違いを解説するとタイ語を難しいものに感じてしまいます。従って、その構造的な違いについては、もう少しタイ語の音に慣れてから Section 5 で解説することにします。それまでは、この構造的な違いということは気にしなくていいです。それぞれどんな音なのかをよく聴いて発音練習をしてください。

最初から 9 つの音を一気に出すのは難しいので、この Lesson では 3 つのグループに分けて練習します。それぞれの音の解説を参考に CD の音に近づけるように練習してください。

尚、今後の解説では、日本語の音を表すときは『ア』『イ』のように日本語で、タイ語を表すときは［a］［i］のように発音記号で表します。

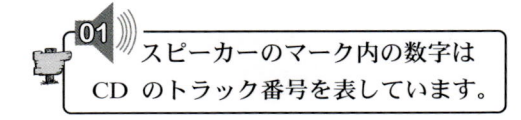

スピーカーのマーク内の数字は CD のトラック番号を表しています。

長母音 9音の練習

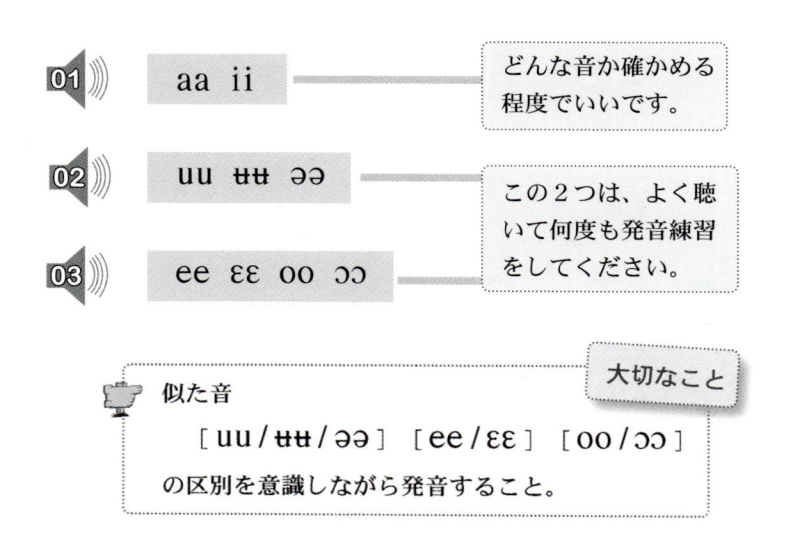

01 aa ii

どんな音か確かめる程度でいいです。

02 uu ʉʉ əə

03 ee ɛɛ oo ɔɔ

この2つは、よく聴いて何度も発音練習をしてください。

大切なこと

似た音

［uu / ʉʉ / əə］［ee / ɛɛ］［oo / ɔɔ］

の区別を意識しながら発音すること。

aa

日本語の『アー』の音。

ii

日本語の『イー』の音。

uu

普段使っている日本語の『ウー』より唇を尖らせます。お母さんが赤ちゃんに『牛』という単語を教えるとき『ウーシ』と唇を尖らせて言ったりします。そのときの口の形。

ʉʉ

『イー』の口の形で『ウー』の音を出します。
『イー』は唇が横に広くなります。発音記号の横棒がそのことを表していると考えればいいです。
また、ʉ は ɯ で表しているテキストもあります。

əə

『エー』の口の形で唇が突き出さないように注意して『ウー』と『アー』の中間の音を出します。

əə は前後の音などの影響から、単語によっては『ウー』に近い音に聞こえたり『アー』に近い音に聞こえたりします。

ee

日本語の『 エー』の音。

ɛɛ

舌を日本語の『エ』の位置にし、唇（特に下唇）を少し横に広げ『エー』の音を出します。

oo

日本語の『 オー』の音。

ɔɔ

唇は日本語の『オー』の形にし、あごを少し下げ口の中を広くして『オー』の音を出します。発音記号が口の中を表している感じです。

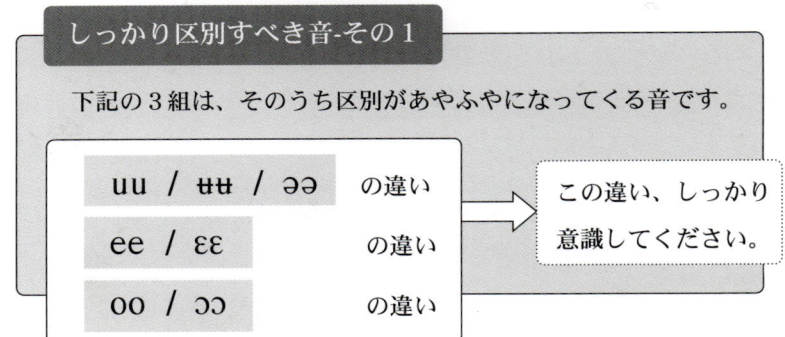

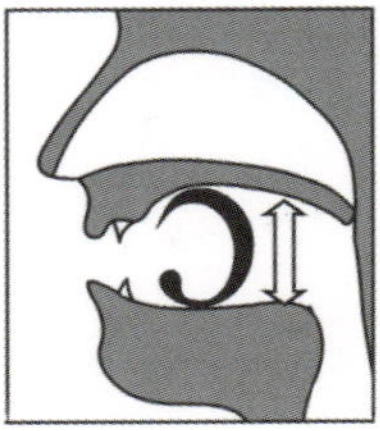

しっかり区別すべき音-その１

下記の３組は、そのうち区別があやふやになってくる音です。

uu / ʉʉ / əə	の違い
ee / ɛɛ	の違い
oo / ɔɔ	の違い

この違い、しっかり意識してください。

タイ語の学習で大切なこと

我々が中学や高校で習った英語には、イギリス人が話す英語、アメリカ人が話す英語、日本人が話す英語、アジアの人が話す英語のように種々のバリエーションがあります。それぞれの音を聞いていると全く違った言語のように感じることがあります。英語の場合は、イギリス人やアメリカ人からすると少々なまった発音、あるいはかなりなまった発音でも通じてしまいます。でも、タイ語の場合は、なまると意味に違いが出て来ます。即ち、発音を間違えると自分が意図する意味とは違った意味になってしまいます。本書を使っていらっしゃる方の中には、取り敢えず発音からという感覚で本書を購入された方も多いと思います。たとえ取り敢えずの気持ちでも、それは大正解だと思います。タイ語の場合、それほど発音が重要なのです。このように述べると、英語より難しそうに感じられるかも知れませんが、文法の勉強に費やす時間は英語に比べてかなり少なくてすみます。また、単語と単語を組み合わせて新しい単語になる場合もかなりあるので単語を覚えるのも英語より負担が少ないはずです。ただ、曖昧な覚え方をすると（発音を曖昧に覚えると）、先に述べたように自分の表現したいこととは別の意味の単語になってしまうことがあります。そうならないためにも本書でしっかり発音の基礎をマスターしてください。

↓

単語の発音を曖昧に覚えてしまう大きな原因

↓

日本人にとって区別の難しい音・似た音を区別せずに日本語の音で片付けてしまうことが一番大きな原因です。

Section 2　声調（音の抑揚）

この Section では、『声調』と呼ばれるタイ語の音の抑揚について解説します。

日本語の『あめ』という言葉は、『あ』と『め』の２つの音節からできている単語です。これが『あ』と『め』の相対的な音の高さの違いにより、『雨』だったり、アメ玉の『飴』だったりします。このように日本語の場合は、単語の中の **音節と音節の間** の音の抑揚で意味に違いが出て来ます。

音節とは？

音節とは、単語をもう一段細かく区切った音の単位です。例えば、『a•me』『ya•ma』『ku•ru•ma』のように『•』で区切ったそれぞれの音（［a］［ya］［ku］など）が音節です。

タイ語の場合も同じようなことが起こります。
例えば maa と言っても、その抑揚の付け方によって『来る』という意味になったり、『犬』になったり『馬』になったりします。ただし、日本語とは違って、タイ語の場合は単語の中に含まれる **音節自身** に音の抑揚が現れます。この音節自身が持つ音の抑揚を『声調』と呼び、第１声調から第５声調までの５つの音の抑揚があります。

例えば『クーラー（kuu•raa）』の場合、『kuu』にも５つの音の抑揚があり、『raa』にも５つの音の抑揚があることになります。従って、『kuu•raa』のような２音節の単語の場合、合計２５通りの声調の組み合わせが考えられます。ただし、２５通りの声調の組み合わせが可能だというだけで、実際には、その内の一部のものが意味のある単語となります。

Lesson 02 声調

このLessonの目的は

04 の音を <u>この順序で</u> 覚えてしまうことです。

声調を発音記号で表す場合、第１声調には声調記号を付けず、第２声調以下を［ˋ ˆ ˊ ˇ］で表し［maa màa mâa máa mǎa］のように表記します。このmaaは３文字ですが、子音［m］に長母音［aa］が付いた１音節の音です。

声調のイメージ作り！

発音練習に入る前に、音の抑揚のイメージ作りから始めます。

このLessonの 04 と同じ音ですが、発音練習用のスペースを抜いた連続音にしてあります。

最初は発音をしないで 89 ［p.120］の連続音を聴いてみてください。次に、コンピューターで解析した下の図を参考に、抑揚のイメージが出来るまで繰り返し聴いてください。イメージ作りのきっかけをつかむ参考として、それぞれどんな音なのか次のページに解説しておきます。CDの音を聞いて自分なりにもっと適した感覚があれば、そちらを重視してください。

５つの声調をコンピューターで解析して簡略化した図

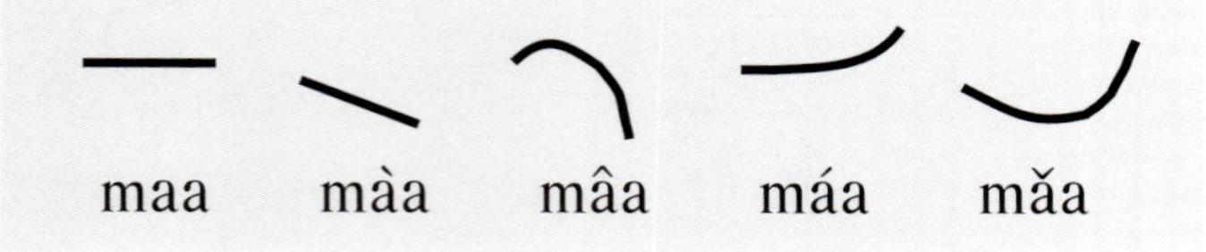

第１声調	aa	各人が普段話をする音の高さで抑揚をつけずに平たく発音する。（声調記号は付けない）
第２声調	àa	普段より低い音で少し尻下がりに発音する。
第３声調	âa	女性が『まあ、素敵！』と言う時の『まあ』の抑揚。
第４声調	áa	普段の声より高めの音を一気に上昇させる。
第５声調	ǎa	うんざりした感じで『え～エ⤴、また～！』の『え～エ⤴』のように下がりかけた音を尻上りに上昇させる。

ここでもう一つ大切なことは、声調記号を正しく読むために、声調の各音と発音記号を関連付けることです。参考までに、下に一つの方法を紹介しておきます。

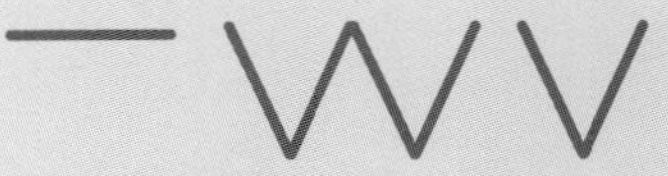

横棒一本と W と V で左のような図を想像してみてください。

W を少し分解すると左の図になります。

下の図を参考に、声調の各音と発音記号を関連付けてください。

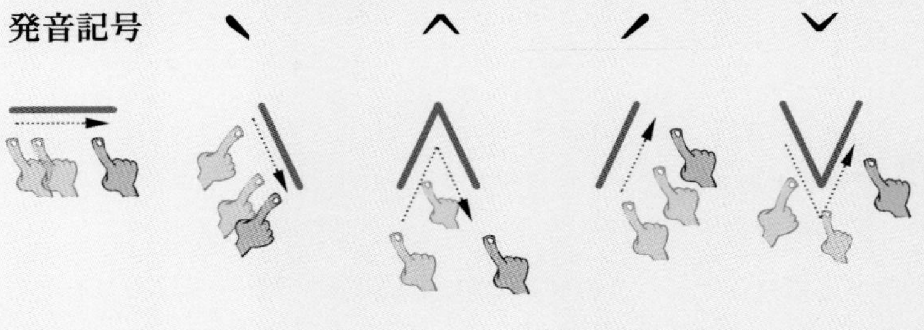

声調の発音練習をするときには、実際に指を動かすか頭の中でこの図を指でなぞる感じで練習してください。

音のイメージが出来たら次の 04 を使って発音練習に移ってください。

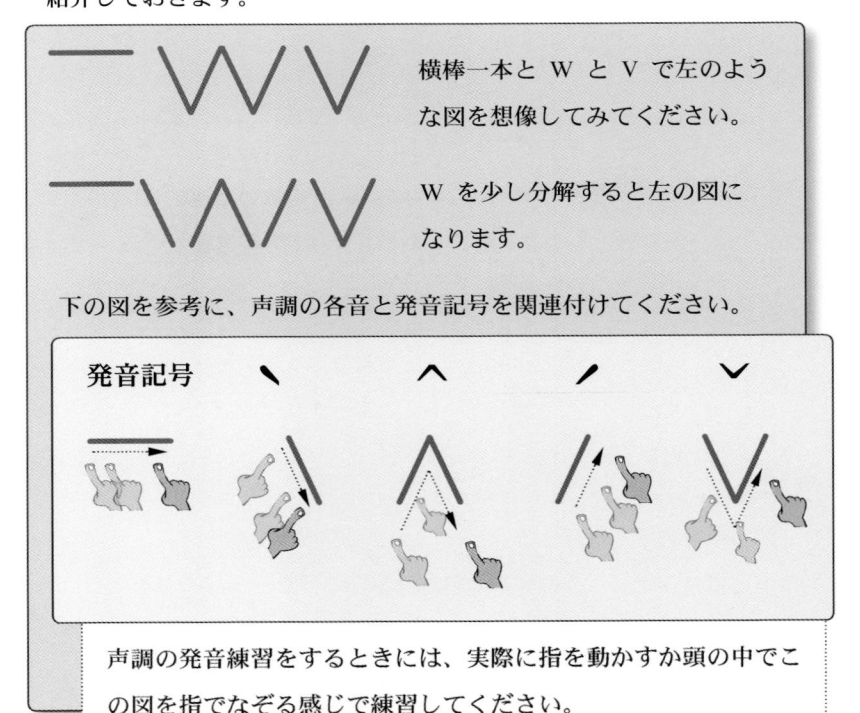

04 maa　màa　mâa　máa　mǎa

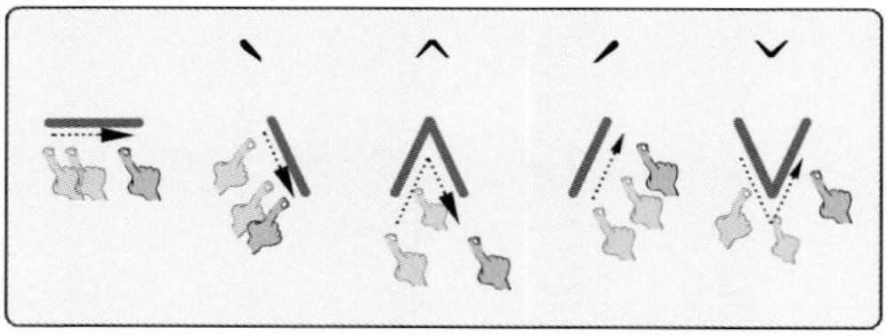

時々 89 [p.120] の音に自分の発音を重ねてみてください。

音の高い・低いという表現にこだわると、かえって難しいかも知れません。CD の音の **抑揚** を真似てください。そうすれば結果として自然に音の高低も出てきます。

声調を覚える際に、第２声調はこの音・第５声調はこの音、というようにバラバラに覚えない方がいいです。 CD の音の順に一連の音として覚えてください。ネイティブもこの順で覚えているので、それに合わせてスムーズに音が出るようにしておいた方が、後々ネイティブに教わる機会があったときにスムーズに話が進みます。

補足

他の教科書で、声調をコンピューターで解析した図を見ることがあるかも知れません。音の抑揚の順序は本書の２０ページの図と同じはずです。でも、本書の図と少し違ったイメージの図であれば、これは発音のスピードによる違いで、どの形が正しいということではありません。自分の発音スピードに合ったイメージを作ってください。

メモ

Section 3　子音（1）

このSectionと次のSectionで、下記の21個の子音を解説します。

b / c / ch / d / f / ŋ / h / j / k / kh / l /
m / n / p / ph / r / s / t / th / w / y

上記以外に、子音として『声門閉鎖』『末子音』
『重子音』を後のSectionで解説します。

練習する順序はアルファベット順でなくばらばらですが、Lesson番号の順に進んでください。

このSectionを始める前に！

① 子音に関して

このSectionで練習する子音の中には練習しなくてもすぐに出せてしまう音もたくさんあります。従って、すべての音を均等に練習するのではなく、出せると感じた音にはあまり時間をかけず、難しいと感じる音に時間を使ってください。また、うまく出せない音があっても、そこで止まらず次の音に進んでください。一つの音を完璧に出すことよりも、今はタイ語の音全体をつかむことに重点を置いてください。

② 母音に関して

Lesson 1で長母音の音を聴きました。似た母音があり、それぞれ違った音なのでそれを意識して発音練習をされたと思います。このように違った音を意識して発音することは重要なことです。しかし、もう一つ大切なことがあります。それは、日本人にとって似た音を意識して聞き分けることです。

Lesson 1 の音は、タイ語を習い始めたときに先生が教室で音の違いを明確に出してくれるような音です。でも、ネイティブの普段の会話では日本人にとって似た音が、もっと似通って発音されるのが普通です。日本人の耳に容易にその違いが聞き取れる音に慣れてしまうと、実際にネイティブが話している音に触れたときに困惑してしまいます。そんな理由で、今後の Lesson ではネイティブが普段の会話の中で使っている音により近い音を使います。あなたは、その音を意識して聞き分ける練習をしてください。

この Section のタイトルは『子音』ですが、半分以上は Section 1 の長母音の似た音［ uu ʉʉ əə ］［ ee ɛɛ ］［ oo ɔɔ ］の聞き取り練習だと考えてください。ただし、ただ聴くだけではダメです。発音練習をやりながら聴いてください。発音の技術が向上することによって聞き取りの技術が向上し、聞き取り技術が向上することによって発音の技術も向上します。この Section が終わる頃に似た母音の違いが少し聞き取れるようになることを目標にしてください。

タイ語の勉強がある程度進んでくると、タイ語の音を出すことよりも、似た音を区別して聴くことの方が難しく感じて来るはずです。それは日常ネイティブが話している音は、タイ語の先生が丁寧に発音した音よりもっと似通った音を使っているからです。いつかはネイティブと会話をするようになるのですから、リスニングに関して一ランク上のトレーニングをしておきましょう。

Lesson 03　日本語と同じ感覚で出せる子音

この Lesson では日本語と同じ感覚で出せる『バ行』『マ行』『ナ行』の音の練習をします。尚、本書ではこの Lesson のように『日本語の～の音』と解説している音があります。厳密には違う音ということになるでしょうが、日本語と同じ感覚で出せばいいです。例え今あなたの出す音がタイ語の音と違っていても、その違いはタイ語をたくさん聞いて真似ているうちに自然に調整されます。

母音の似た音の聞き取りが出来なくても、今は少し違いがあるかなという程度でいいです。ただし、自分が発音するときには意識の中で似た音の違いを明確に区別してください。

b

日本語の
『バ行』の音。

05

baa bii buu bʉʉ bəə bee bɛɛ boo bɔɔ

m

日本語の
『マ行』の音。

06

maa mii muu mʉʉ məə mee mɛɛ moo mɔɔ

n

日本語の
『ナ行』の音。

07

naa nii nuu nʉʉ nəə nee nɛɛ noo nɔɔ

タイ語の発音の特徴（1）

一般に、タイ語の音は子音に続く母音の出始めを強く発音する傾向があります。あなたが日本語の『バ行』を発音するときの音と、このLessonの音を比べてみてください。音の出だしがタイ語の方が強いはずです。これは、タイ語の一つの特徴です。

Lesson 04 『ハ行』の音［h］

h

日本語の『ハ行』の子音［h］。
ただし、日本語の『ハ行』の音より口の奥の方で発音します。

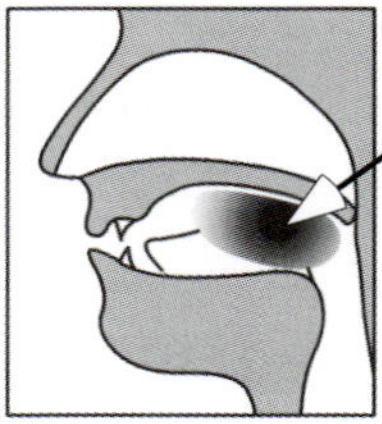

自分が出している『ハ行』の音とCDの音が少し違うなと感じたら、この辺りで発音してみてください。

08

haa hii huu hʉʉ həə hee hɛɛ hoo hɔɔ

タイ語の発音の特徴（2）

一般に、タイ語の音は日本語より口の奥の方で発音する傾向があります。この［h］の音は、そのことが顕著に現れる例です。本書で、日本語と同じ音と解説している音で少し違うなと感じたら、少し口の奥の方で発音してみてください。

Lesson 05 『ダ行』の音［d］

d

日本語の『ダ（da）』の子音［d］。

09

daa dii duu dʉʉ dəə dee dɛɛ doo dɔɔ

単純に日本語の『ダ』の子音［d］にタイ語の母音を付けて発音します。従って、日本語の『ダ行』の音の内『ヂ・ヅ』に対応する音が dii / duu / dʉʉ / dəə となり、日本語の『ヂ・ヅ』とは全く違う音になります。

Lesson 06 『ワ行』の音［w］

w

日本語の『ワ（wa）』の子音［w］。
ただし、丁寧（ていねい）に『ワ』と発音した場合の［w］。即ち、唇を丸め、少し突き出した状態から発音します。

普段の会話で『わたし』や『あなたは』と言うときの日本語の『ワ』は『五十音表』を発音するときのような丁寧な発音になっていないのが普通なので注意してください。赤ちゃんに『ワ』の音を教えるときのように、丁寧な日本語の『ワ』の子音［w］にタイ語の母音を付けて発音します。

10 waa wii wuu wʉʉ wəə wee wɛɛ woo wɔɔ

自分が発音している似た母音の区別があやふやになって来たら 02 と 03 の音をもう一度聴きましょう。

発音記号について

本書では、アルファベットに基づいた発音記号を使っています。タイ語の参考書や辞書などでカタカナの発音記号を使っているものもあります。タイへ数日間観光旅行に行く目的なら別ですが、タイ語を基礎から勉強しようとする場合、特にタイ語を習い始めた初期の段階では、アルファベット表記の発音記号を使って勉強することをお勧めします。本書のようなアルファベット表記の発音記号では、ɛ ʉ ə ʔ など見慣れない記号を使用しています。それに引き替えカタカナ表記の場合は、全て読めてしまうので便利なようです。
しかし、この便利さの中に最大の欠点があります。

最大の欠点とは日本語に引きずられて発音してしまうことです。読めてしまうから発音する音が日本語の音から抜け出せなく可能性が大きくなってきます。どうしてもカタカナ表記を使わなければならない環境にある場合は、少なくとも本書に出てくる音がカタカナの文字でちゃんと区別されているか確認する必要があります。その上で、カタカナを単なる記号としてとらえ、日本語の音に引きずられないように注意してください。

Lesson 07 『サ行』の音［s］

S

日本語の『サ（sa）』の子音［s］。あるいは、英語の sing a song ［歌を歌う］の［s］の音。

単純に日本語の『サ（sa）』の子音［s］にタイ語の母音を付けて発音すると考えてください。従って、タイ語の［sii］は日本語の『シ（shi）』とは全く違う音になります。子音［s］に母音［ii］を続ける感覚で音を出してください。

11 saa sii suu sʉʉ səə see sɛɛ soo sɔɔ

これはスイカです！

日本語の『ス』の音について！

『これはスイカです』

上の文の中に［su］の音が２つ出てきます。
この２つの［su］が、はたして同じ音だろうかをみてみます。

結論から先に言うと、**違う音** なのです。

普段の会話のように自然に『これはスイカです』と発音して、『スイカ』の『ス』と、『です』の『す』を比べてみてください。

自然に発音された音なら、『スイカ』の『ス』は［suika］と発音され、我々が『ス』だと思っている音です。

しかし、『です』の『す』は語尾が『スイカ』の『ス』とは違って［des.］となって、『す』が息だけになっているはずです。

音の違いを確かめるために、『です』の『す』を『スイカ』に置き換え、『これはスイカでスイカ』と数回繰り返して、最後に『これはスイカでス。』で発音を止めてみてください。このように止めた『でス。』は普通の『です。』と違っているはずです。

『スイカ』の『ス』------ suika

『です。』の『す』------ des.

タイ語の［s］は、この［des.］の［s］を使います。

Lesson 08　英語的な音［f］

f

上の前歯を下唇に接触させた状態のままで、日本語の『フ』を言うつもりで息だけ出します。あるいは英語の face ［顔］の［f］の音。

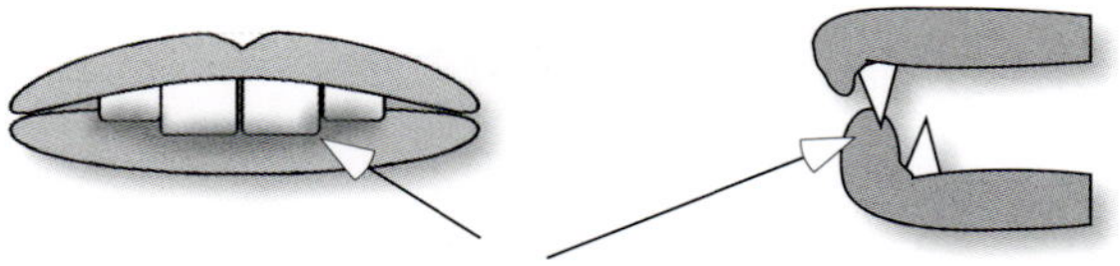

12

faa fii fuu fʉʉ fəə fee fɛɛ foo fɔɔ

Lesson 09 『ラ行』の音［l］と［r］

l

日本語の『ラ行』の音は、舌先で上の前歯の内側の歯茎を軽くはじく感じで音を作ります。舌先で歯茎を日本語よりも強く押し付けてはじく感じで発音すると、タイ語の［l］になります。

13

laa lii luu lʉʉ ləə lee lɛɛ loo lɔɔ

r

この音は『ラ行』の音の一種ですが、日本語の『ラ行』の音とはずいぶん違い、巻き舌で舌先を振るわせて発音する音です。ただ、日常の会話ではほとんど振動していない音を聞くことの方が多いかもしれません。

大切なことは［l］と違い、舌先をどこにも接触させずに発音することです。

14

raa rii ruu rʉʉ rəə ree rɛɛ roo rɔɔ

舌先が振動しないと［r］の音ではないと考えない方がいいです。［l］と［r］の一番大きな違いは、［l］が舌先を歯あるいは歯茎に押し付けるのに対し、［r］の場合は舌先がどこにも接触しないことです。舌先を振動させる［r］の音はネイティブでも出せない人がたくさんいます。でも、［l］との違いを意識するために、次の 15 で舌先を振動させる［r］の音にトライしてみましょう。

振動を強調した［r］の音

15 brəə　rəə

舌先がどこかに接触していると、
振動したくても振動できません。

舌先をどこにも接触させないこと！

振動する［r］の音の練習方法として、例えば『ブル～～』や『ブレ～～』の『ブ』に母音を入れずに、即ち『bur ～～』ではなく『br ～～』の感じで、息が口の外へ逃げないようにして、喉の奥から強く発音すると出しやすいです。また、舌先の振動は結果的にそうなっていると考えた方がいいです。舌先を意識すると、そこに力が入って振動しません。

暇な時に時々思い出したように練習してください！

次の 16 で［l］と［r］の音を聴いてその違いを感じてください。

16

laa	raa
lii	rii
luu	ruu
lʉʉ	rʉʉ
ləə	rəə
lee	ree
lɛɛ	rɛɛ
loo	roo
lɔɔ	rɔɔ

しっかり区別すべき音-その2

l と r の発音および聞き分けが正しく出来なくても、今はあまり気にしなくていいです。ただし、自分がどちらの音を出そうとしているのかをはっきり区別して発音するようにしてください。

Lesson 10　『三角』の『ん』［ ŋ ］

ŋ

『さんかく（三角）』の『ん』のように、口の中を広く開けたまま、鼻にかけるような『ん』。

『さ・ん・か・く』と区切らずに、日常の会話のように自然な発音で『三角』と2～3回発音してみてください。今度は、その『さんかく（三角）』の『か』を出す寸前で止めて、口の形・舌の位置を保ったまま、鼻から抜く感じで『ガー』『ギー』『グー』『ゲー』『ゴー』と発音してみてください。このときの子音が［ŋ］です。

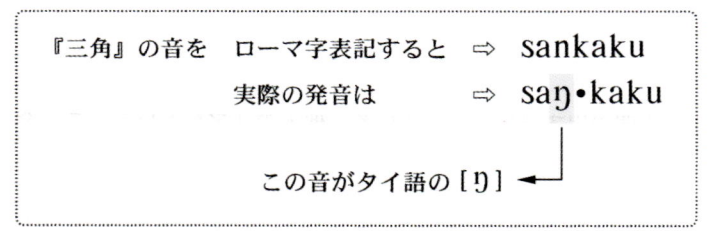

『三角』の音を　ローマ字表記すると	⇨	sankaku
実際の発音は	⇨	saŋ•kaku

この音がタイ語の［ŋ］

※『三角』の『ん』は、日本語の『五十音表』の音として発音するときの『ん』とは別の音です。詳しくは、Lesson 16 で解説します。

17　ŋaa　ŋii　ŋuu　ŋʉʉ　ŋəə　ŋee　ŋɛɛ　ŋoo　ŋɔɔ

復習

この辺りで、『声調』の復習をしておきましょう。
もう一度 04 [p.22] あるいは 89 [p.120] を聴いて練習してみてください。ついでに、子音［m］を［ŋ］に変えて練習してみてください。

例えば『ア』の音　*Part I*

『ア』の音は全ての日本人が同じ音を出しているのでしょうか？

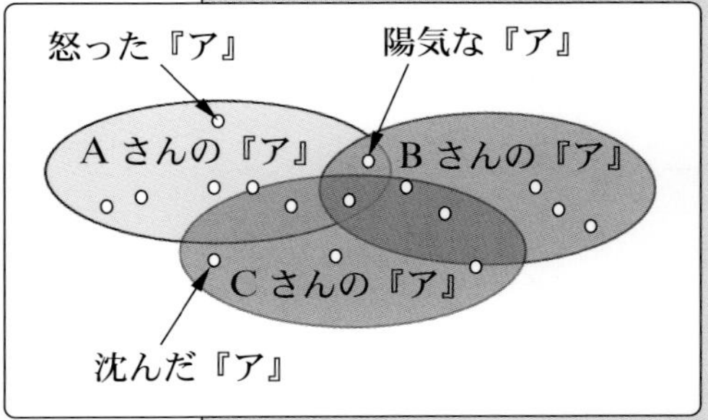

同じ日本語の『ア』の音でも、『五十音表』を読むときの『ア』の音、大事なお客様と話しているときの『ア』の音、ふてくされて話しているときの『ア』の音、怒ったときの『ア』の音、沈んだときの『ア』の音、陽気なときの『ア』の音と、一人の人間の出す『ア』もいろいろ、他人の『ア』もいろいろ、全て違う音のはずです。でも、どの音も『ア』の音としての条件を備えているため『ア』として認識されます。当然、タイ語についても同じことが言えます。

CD に入っている音も、やはり種々のバリエーションの中の一つの音です。この音だけが正しい音だというわけではありません。でも、基礎の音を習う上で標準的なタイの声優の発音です。本書を終えるまでは、できるだけこの音に近い音を出すように心がけてください。

Lesson 11　『ヤ行』の音［y / j］

y (j)

日本語の『ヤ（ya）』の子音［y］。
日本語の『ヤ（ya）』の子音［y］の口の形・舌の位置から続く母音の方向へ口の形・舌の位置を移動させます。

［yaa　yuu　yʉʉ　yəə　yoo　yɔɔ］に関しては、自然に出せると思いますが、［yii　yee　yɛɛ］に関しては、振れの大きな音なので下記の解説を参照してください。

［yii］について

次の 18 に『yîi•pùn（日本）』の音が入っています。まだ習っていない音も含まれていますが、［yîi］の部分に注意して聴いてみてください。

18　yîi•pùn

どうですか？

発音記号から受けるイメージとは少し違っていたかも知れません。

この［yii］は、人（話者）によって『イー』に近い音で発音する人もいれば、『ジー』に近い音で発音する人もいて、この音だと決めつけられない、振れの大きい音です。

タイ語を習い始めのころ『yîi•pùn（日本）』は『イープン』に近い音だと習っても、実際に町で耳にするのは『ジープン』に近い音の方が圧倒的に多いでしょう。

すべて［y］を使って表せば統一感がありますが、感覚的により実際の発音に近い［j』を使って［jii］と表すことも多いです。　ただし、［j］の音は強調せず、母音の前に小さな［j］の音が付いているという感覚で出します。［jii］ではなく、［ʲii］のような感じです。

［yee］・［yɛɛ］について

これも［yii］と同じように振れの大きい音で、［jee］［jɛɛ］とも表します。

どちらも『イェー』や『ジェー』に近い音ですが、『イ』及び『ジ』をあまり強調せず、続く母音［e］［ɛ］を出します。
従って、『ィエー』『ジエー』の感じに近いです。

19

yaa yii yuu yʉʉ yəə yee yɛɛ yoo yɔɔ
(jii) (jee) (jɛɛ)

以下は、まだ習っていない音も含まれていますが［yii］［yee］［yɛɛ］に関してよく耳にする標準的な発音です。

20

yûu•yîi / yûu•jîi	ยู่ยี่	シワくちゃの
yîi•hɔ̂ɔ / jîi•hɔ̂ɔ	ยี่ห้อ	ブランド
yîi•pùn / jîi•pùn	ญี่ปุ่น	日本
yîi•sìp / jîi•sìp	ยี่สิบ	20［数字］
yin•dii / jin•dii	ยินดี	喜んで
yə́ʔ•yɛ́ʔ / yə́ʔ•jɛ́ʔ	เยอะแยะ	多い、たくさん
yen / jen	เย็น	涼しい

Lesson 12 似た長母音の復習

似た長母音［ʉʉ と əə］［ee と ɛɛ］［oo と ɔɔ］の音を、これまでに出て来た12個の子音を付けてCDに録音してあります。

ここでは特に聴くことに集中して、その違いを意識して数回聴いてみてください。

21

bʉʉ	bəə
mʉʉ	məə
nʉʉ	nəə
dʉʉ	dəə

22

wee	wɛɛ
hee	hɛɛ
see	sɛɛ
fee	fɛɛ

23

loo	lɔɔ
roo	rɔɔ
ŋoo	ŋɔɔ
yoo	yɔɔ

最初の頃に比べて少し違いを聞き分けられるようになったでしょうか？

今の時点では、違いが分かるような、分からないようなといった感じでもいいです。

ただし、自分が発音するときには明確に使い分けてください。例えその音が正しい音でなくても、その違いを自分の中で区別して発音するようにしてください。

⇩

そうすることが、聞き分け能力を伸ばしていきます。

Section 4　子音（2）有気音と無気音

この Section では、有気音と無気音について解説します。自分の伝えたいことが正しく伝わるかどうかに関係した大切な Section です。

タイ語では日本語の『カ行』『タ行』『パ行』『チャ行』に対応する音として、それぞれが有気音と無気音の２つの音を持っています。

例えば『タ』は有気音の『タ』と無気音の『タ』があります。

有気音とは、息の出る音との意味です。息が出ることを示すために、発音記号では［h］を使って、［kh］［th］［ph］［ch］と表記します。２文字になっていますが各々１つの音としてとらえます。 Lesson 4 の『ハ行』の［h］と同じ文字を使ってはいますが、全く別の記号と考えてください。一方、無気音とは息が出ない音の意味で、無気音の場合は単に［k］［t］［p］［c］と表記します。

我々日本人が日本語を話す場合、有気音と無気音を意識することはほとんどありません。それは、本来有気音であるべき音を無気音で発音しても、あるいはその逆でも、意味を誤解されないのでその区別を意識する必要がないのです。しかし、タイ語の場合は全く違う音なのではっきり区別しないと意味に違いが出て来ます。ここでその音の違いをしっかり身につけてください。

しっかり区別すべき音-その３

一般に、この有気音と無気音はタイ語を習いはじめた時点で習うものです。しかし、そのうちその違いに注意しなくなり、すべて日本人にとって出しやすい有気音で片付けてしまう傾向があります。でも、これをちゃんと区別しないと『たまご［khài］』と『ニワトリ［kài］』の区別もできなくなります。

有気音と無気音の区別は、子音発音の重要なポイントです。

Lesson 13 有気音と無気音

日本語の『カ行・タ行・パ行・チャ行』に対応する『有気音』と『無気音』をまとめると下記の表のようになります。

有気音		無気音	
kh	日本語の『五十音表』を読むときの『カ行』の音。	k	息が出ない『カ行』の音。
th	日本語の『五十音表』を読むときの『タ行』の音。	t	息が出ない『タ行』の音。
ph	日本語の『五十音表』を読むときの『パ行』の音。	p	息が出ない『パ行』の音。
ch	日本語の『五十音表』を読むときの『チャ行』の音。	c	息が出ない『チャ行』の音。

覚えておきましょう！

覚え方は『カタパチャ行』や ktpc　など何でもいいので、この４つのセットには有気音と無気音の区別があることを覚えておきましょう。逆に、有気音と無気音の区別が必要なのはこの４つのセットだけです。

試しに、26 [p.50] の音を聴いてみてください。

どうですか？

有気音と無気音の違い、分かりましたか？

今この音を聴いても全く同じに聞こえるか、言われてみれば何となく違うような気もするという程度だと思います。これが単語の中に有気音と無気音が混在して入ってくると、有気音も無気音も区別なく同じように聞こえてしまいそうです。

元々、我々日本人には有気音と無気音の区別という意識が有りません。従って、いきなり有気音と無気音の音を聞かされても聞き分けができなくて当然です。

一般に『有気音』は息の出る音。『無気音』は息の出ない音。という左のページにあるような説明を受けて、『ああ、そうなんだ』と納得してしまいます。その違いを質問されれば、そのように答えて正解です。しかし、頭では分かっていても、実際に使い分けが出来る状態にまでならないことが多いのです。この Lesson の目的は、有気音と無気音を自分の意識の中で区別して発音できるようになることです。『有気音』に関しては必要なら日本語の音を少し調整するだけなので特に問題はないと思いますので、これから暫くの間、『無気音』を中心に下記の順に解説して行きます。

［1］無気音とはどんな音か？

［2］無気音の出し方

［3］タイ語の有気音と無気音を出す練習

尚、この Lesson は本書の中で一番長い Lesson です。息が出るか出ないかの簡単なことなのですが、全く違う音だという認識を持っておかないと、覚えた単語を覚え直すということになりかねません。少し時間をかけてしっかり理解してください。

［1］無気音とはどんな音か？

タイ語を習い始めたときに、日本語の『カ行』『タ行』『パ行』『チャ行』は、有気音だけなので日本人が無気音を出すのは難しいと習った方もいらっしゃるかも知れません。

本当にそうでしょうか？

ここで日本語の再確認をしてみましょう。

カ・キ・ク・ケ・コ

口の前に手のひらをかざして日本語の『五十音表』を丁寧に発音するつもりで『カ・キ・ク・ケ・コ』『タ・チ・ツ・テ・ト』『パ・ピ・プ・ペ・ポ』『チャ・チュ・チョ』と発音してみてください。

すべての音で手のひらに息が当たったと思います。
これが有気音（息の出る音）です。

このことから、一般に日本語の『五十音表』を発音するときの『カ行』『タ行』『パ行』『チャ行』は有気音（息の出る音）、即ち［kh］［th］［ph］［ch］だと考えられます。しかし、日本語の『カ行』『タ行』『パ行』『チャ行』の子音はこれだけではないのです。これらの音が他の音と結び付いて単語となった場合、日本語にも無気音［k］［t］［p］［c］が現れます。

確かめてみましょう。

前と同じように、口の前に手のひらをかざして『こちら』の『こ』と、『海の底（そこ）』の『こ』に違いがあるか観察してみてください。
（発音は、いつもの会話のように***自然に気楽に***！）

どうですか？

『こちら』の『こ』は息が出ますが、『底（そこ）』の『こ』は息が出なかったはずです。もし、『底（そこ）』の『こ』で息を感じた方も息を感じないような音の出し方ができるはずです。息を感じた方は試してみてください。あと三つ『赤（あか）い靴』の『か』と、『卒業式（しき）』の『き』、『日本海（にほんかい）』の『か』も試してみてください。どの音も無気音になるはずです。あるいは、無気音として発音できるはずです。

このように確認すると、日本語の『カ行』の音にも有気音と無気音があることに気付きます。これは『カ行』の音に限らず、ここで学習する『タ行』『パ行』『チャ行』についても言えることです。

下の表に無気音が出しやすい日本語の例をいくつか挙げておきますので、実際に発音してみてください。

<table>
<tr><th></th><th>無気音の例</th><th>有気音の例</th></tr>
<tr><td>『カ行』</td><td>底［ソ ko］・日本海［ニホンka イ］・
入学式［ニュウガクシ ki］・
山から［ヤマ ka ラ］・蛸［タ ko］</td><td rowspan="4">『五十音表』を使って幼児に一語ずつ音を教えようとするときの
『カ行』
『タ行』
『パ行』
『チャ行』
の音。</td></tr>
<tr><td>『タ行』</td><td>行った［イッ ta］・立った［タッ ta］
等の過去形の［ta］・さて！［サ te］
去って行く［サッ te イク］</td></tr>
<tr><td>『パ行』</td><td>アンパンマン［アン pa ンマン］・
ピ～ン ポ～ン［pi～ン po～ン ］等
の擬音（ただし実際の音に似せて）</td></tr>
<tr><td>『チャ行』</td><td>価値［カ ci］・土［ツ ci］・
位置［イ ci］</td></tr>
</table>

当然、これらの音を有気音で発音することも簡単なことですが、自分の普段の発音で自然に無気音として出せる単語を探してみてください。次の音の練習に入る前に、ここで少し無気音のことを意識してください。そして、日本語でも自然に無気音を出していることを認識してください。

［2］無気音の出し方

本書では、無気音を出すための２つの方法を紹介します。

意識して無気音を出せるなら、どちらの方法でもいいです。自分の感覚に合う方を選んでください。

無気音の出し方［その１］

日本語の延長として無気音を出す方法

前のページの日本語の単語を使って無気音を出す方法です。あなたが無気音と感じる日本語の単語を使って以下のような練習をします。母音は日本語の母音を使えばいいです。また、その順序にもこだわらなくていいです。

k

底［ソko］・蛸［タko］・入学式［ニュウガクシki］などを使って。

『タコ』・『タko』・[ko][ko]・・[koo][koo]・・
・・・《喉の状態をそのまま保ち、母音だけを代えます》
[kaa][kaa]・・[kii] [kii]・・[kuu][kuu]・・[kee][kee]・・

t

行った［イッta］を使って。

『行った』・『イッta』・[ta][ta]・・[taa][taa]・・
・・・《喉の状態をそのまま保ち、母音だけを代えます》
[tii] [tii]・・[tuu][tuu]・・[tee][tee]・・[too][too]・・・

p

アンパンマン［アン pa ンマン］を使って。

『アンパンマン』・『 pa ンマン』・『pa ン』・『pa ン』・
『pa』・『pa』・[pa] [pa]・・[paa] [paa]・・
・・・《喉の状態をそのまま保ち、母音だけを代えます》
[pii] [pii]・・[puu] [puu]・・[pee] [pee]・・[poo] [poo]・・

c

価値［カ ci］を使って。

『価値』・『カ ci』・・[ci] [ci]・・[cii] [cii]・・
・・・《喉の状態をそのまま保ち、母音だけを代えます》
[cuu] [cuu]・・[cee] [cee]・・[coo] [coo]・・[caa] [caa]・・

下記の練習もしてみてください。

『アンパンマン』・『 pa ンマン』・『pa ン』・『pa ン』・
『pa』・『pa』・[pa] [pa]・・[paa] [paa]・・
・・・《喉の状態をそのまま保ち、子音だけを代えます》
[kaa] [kaa]・・[taa] [taa]・・[caa] [caa]・・

どうですか？

いつも自分が出している日本語の音と少し違うように感じたでしょうか？

この方法だと日本語の発音から無理なく無気音を出せます。しかし、例えば、蛸［タko］の『コ』は有気音でも簡単に発音できるので、『コ』を常に無気音で出しているとは限りません。今回の練習で、いつも自分が出している日本語の音と変わらないように感じた方は、有気音を出しているのかも知れません。そこで、無気音であることをもう少し意識できる別の方法を次に試してみましょう。

無気音の出し方［その２］

音を口の奥の方で作る方法

先の『海の底』などの日本語の音を使って無気音を出すのも一つの方法ですが、ここでは無気音を出しているという意識をもっとはっきり持つために別の方法を紹介します。

左の 24 は『カラスの鳴き声』を真似た［kâa］の音です。喉の奥から声を出している感じを想像してください。

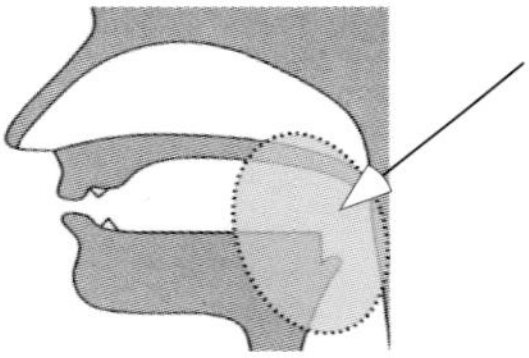

［kâa］

この辺りで音を作るつもりで、この口の奥の ***位置*** を頭の中で想像して［kâa］と何度か鳴いてみてください。

この［kâa］は無気音です。試しに、［kâa］と発音しながら手のひらを口の前にあててほとんど息が出ていないことを確認してください。たとえ息を感じても、日本語で『カラス』と発音したときの『カ』よりは、息の当り方がかなり少ないはずです。

> この辺りの ***位置*** で［kâa］の音を作っている・そこで音を出している・そこで音が響いている・喉を少し絞める等、あなたが感じる何らかの感覚を持ってください。この感覚をつかむということは、無気音を意識して出せるということです。

以後は［kâa］を［kaa］と表記します。また、今後の練習では［kaa］の抑揚はつけてもいいですが、特につけなくてもいいです。

練習

この辺りは少し時間をかけて練習

① 『カラスの鳴き声［kaa］』を基準にして［kaa］［kii］［kuu］［kee］［koo］と練習してみてください。母音は日本語の母音でいいです。

② この無気音［kaa］の音と日本語の『五十音表』を読むときの有気音『カ・キ・ク・ケ・コ』を使って、下記の練習を何度か繰り返して『ka 行』の音と『カ行』の音の違いを口の中で感じてください。母音は日本語の母音でいいです。

有気音		無気音
『カー』	--------	［kaa］
『キー』	--------	［kii］
『クー』	--------	［kuu］
『ケー』	--------	［kee］
『コー』	--------	［koo］

［注意］

［kaa］の音を作っている位置に意識を集中させます。また、日本語の『カ行』の音は［kaa］の音に引きずられないように、自然な日本語で出してください。

有気音と無気音の順序を逆にした形でも練習してください。

どうでしょう？

［kaa］の音と日本語の『カ・キ・ク・ケ・コ』にかなりの違いを感じたと思います。

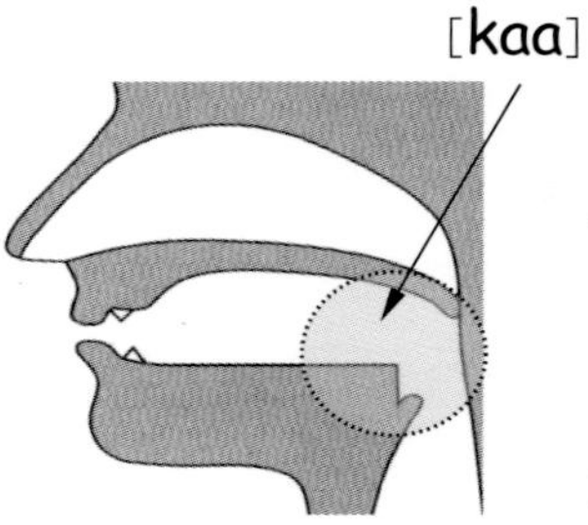

ここで大切なことは、無気音［kaa］の感覚をつかむこと。そして、それが日本語の『カ行』の音とはかなり違うということを認識することです。そのために口の奥を意識してください。

違う音だという認識が出来れば、後はタイ語の音と比べて調整するだけです。

［3］タイ語の有気音と無気音の音を出す練習

既にタイ語の［kaa］の音が出ている方もいらっしゃるかも知れませんが、『カラスの鳴き声』の［kaa］を出しているとき、喉が絞まるように出していた方もおられたかも知れません。無気音を意識するためにはそれでいいです。ただ、タイ語の［kaa］は息苦しく発音する必要はないので、そんな方は以下でタイ語の発音に調整しましょう。

まず、母音を aa だけに限定して、タイ語の無気音［k］［t］［p］［c］を出す練習をします。

25

kaa taa paa caa

これまで出して来た［kaa］の音を 25 のタイ語の［kaa］の音へ近づけるように練習してください。

息苦しい状態なら、頭の中で口の中の位置を想像しながら音を作る位置を前の方に移動させます。喉を少し絞めて音を出すという感覚の方は、その絞め方を苦しくない程度に緩めてください。

次の練習もトライしてみましょう。

音を作る位置を［kaa］の音を出したときと同じにして、あるいは喉の感覚を［kaa］の音を出したときと同じにして、［taa］［paa］［caa］の音につなげてください。練習法の一例として、下記の方法を試してみてください。

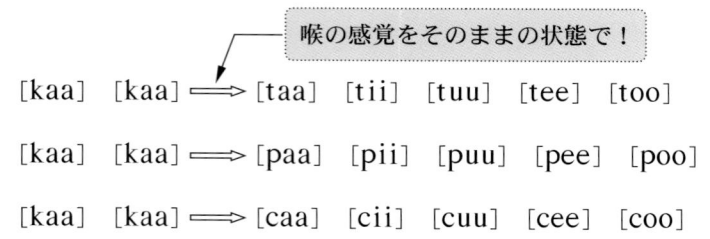

喉の感覚をそのままの状態で！

［kaa］［kaa］⟹［taa］［tii］［tuu］［tee］［too］

［kaa］［kaa］⟹［paa］［pii］［puu］［pee］［poo］

［kaa］［kaa］⟹［caa］［cii］［cuu］［cee］［coo］

次のページで、有気音と無気音を交互に出す練習をします。

似て非なるもの

『たまご［khài］』と『ニワトリ［kài］』の音がネイティブにどのように聞こえるか？　ネイティブでない我々には分からないかも知れませんが、立場を逆にして、日本人には全く別の音をタイ人が取り違えている場合を想像すれば疑似体験することは出来ます。

我々日本人にとって、日本語の『サ行』の音と『ザ行』の音は全く別の音です。でも、タイ人にとって、『サ行』の音と『ザ行』の音を区別するのは難しいようです。『ザ（za）行』の音を出すのが難しいのです。『絶対やってよ』を『セッタイやってよ』と言われれば、聞いた方は『接待』の催促かと思います。『あの人は善人（ぜんにん）だ』というつもりで、『あの人はセンニンだ』と発音してしまえば、山の上で霞を食べて生きている『仙人』かと思い、今の時代にも『仙人』がいるのだと感心してしまいます。その後『あの人はステーキを食べるときはいつも私を誘ってくれる』と続いたら、『へえ～、現代の仙人は霞じゃなくてステーキを食べるのか』とまたもや感心してしまいます。前触れもなく『センニン』と発音された音から『ゼンニン』の音が想像できません。当然です。日本人には全く違う音なのですから。

『<u>ゼ</u>ッタイ』と『<u>セ</u>ッタイ』は濁点があるかないかの違いだけです。［khài］と［kài］も［h］が有るか無いかの違いだけです。どちらも似ています。でも、あなたが『ゼ』と『セ』が全く違う音に聞こえるのと同じように、タイ人には［kh］と［k］が全く別の音に聞こえるのです。

有気音と無気音を交互に出す練習

これまで『有気音』については、ほとんど触れませんでしたが、『有気音』の［kh］［th］［ph］［ch］は、あなたが使っている日本語の『カ行・タ行・パ行・チャ行』音と同じ感覚でいいです。自分の出している音がCDの音と少し違うなと感じたら、息を少し多めに出してみてください。もし少し違っていても、これからタイ語の音をたくさん聞いているうちに修正されて行きます。意識しなければならないのは『無気音』です。

26

khaa - kaa
thaa - taa
phaa - paa
chaa - caa

［ch］は人によって幅のある音です。『チャ』より『シャ』に近い音で発音する人もいます。

［c］は［j］の音に近い音に聞こえるかもしてません。でも、［j］の感覚で発音すると日本語の『ジャ』になってしまいます。結果的に『ジャ』のように聞こえても、意識としては『チャ行』の無気音の感覚で発音してください。

27

khii - kii
thii - tii
phii - pii
chii - cii

28

khuu - kuu
thuu - tuu
phuu - puu
chuu - cuu

［thii］は『チ』とは全く違う音です。また、日本語の『ツ』に対応する音はタイ語にありません。日本語の『タ』の子音に、それぞれの母音を付ける感覚です。

29

khʉʉ - kʉʉ
thʉʉ - tʉʉ
phʉʉ - pʉʉ
chʉʉ - cʉʉ

30

khəə - kəə
thəə - təə
phəə - pəə
chəə - cəə

31

khee - kee
thee - tee
phee - pee
chee - cee

32

khɛɛ - kɛɛ
thɛɛ - tɛɛ
phɛɛ - pɛɛ
chɛɛ - cɛɛ

33

khoo - koo
thoo - too
phoo - poo
choo - coo

34

khɔɔ - kɔɔ
thɔɔ - tɔɔ
phɔɔ - pɔɔ
chɔɔ - cɔɔ

有気音と無気音の聞き分け！

有気音と無気音に関しては、音を出すことよりもその違いを聞き分けることの方が難しいです。単語の中に有気音と無気音が混在している場合も多く、慣れるまでに時間がかかります。
対策は、例え今聞き分けができなくても自分が発音するときは自分の中で区別することです。違いを区別して発音できるようになれば、聞き分ける能力も増します。その違いを意識することが今後のあなたの発音（だけでなく、タイ語学習全般）に大きく影響して来るはずです。

メモ

補足

我々は声帯から出てくる音をそのまま聞いているわけではありません。声帯から出た音は口を開いたり、閉じたり、舌の位置を変えたりして、口や鼻の中で共鳴させ加工して、言葉に使う音になります。

肺の空気が口から出るまでには下の図のような器官を通ります。

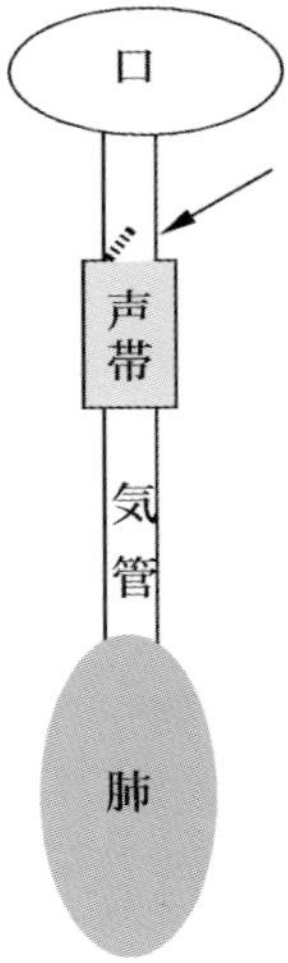

声帯にある弁を開けたり閉めたりして肺からの空気の調整を行っています。（実際の弁は図のような形ではありません）

『無気音』とは、この弁がかなり閉じられた状態になっているので息があまり出てこないのです。有気音で息がたくさん出るということは、この声門が開いた状態です。自分が出せる『無気音』を発音してみてください。声帯の状態などは、見ることが出来ませんが。喉に意識を持って行くと、何となく喉の感じが、有気音と違っていると思います。あるいは、『カラスの鳴き声』の［kaa］は、普通に日本語の『カー』と発音するときと比べて喉に何かの違いを感じると思います。その違いは声門の状態の違いです。

［息をほとんど出さない］［声門を閉じ気味にする］［音を口の奥の方で作る］というのは、どれも同じことを違った表現をしているだけです。有気音と無気音を **意識して** その **違い** を出せるなら、どの感覚でもいいです。自分のフィーリングに合う感覚を見つけてください。

Section 5　声門閉鎖

この Section と次の Section で タイ語の母音について解説します。

長母音の発音の練習は Lesson 1 でしました。でも、 Lesson 1 では タイ語と日本語との母音の構造的な違いについては解説しませんでした。

タイ語も日本語と同じように『子音＋長母音』の『子音』を抜けば、そのまま［aa］［ii］など長母音になるように思います。　しかし、タイ語の［aa］［ii］は日本語の『アー』『イー』と構造的に異な ったところがあり、ここで改めて日本語と対比させながら解説します。

Lesson 14　声門閉鎖

『タイ語には母音で始まる単語がない！』と言われることがあります。

どういう事でしょう？

この意味を理解することから始めます。

まず、 Lesson 1 の 01 [p.16] の［aa］の音をもう一度聴いて、あなたが普段出している日本語の『アー』の音と違いがあるか比べてみてください。

どうですか？

とにかく『アー』と聞こえるので、同じと言えば同じ音です。でも、タイ語の音を学習する上においては、異なった音としてとらえます。

では、どこがどう違っているのでしょう？

日本語の『アー』『イー』とタイ語の［aa］［ii］の音の波形を調べてみると、下図のような特徴があります。

日本語の『アー』『イー』

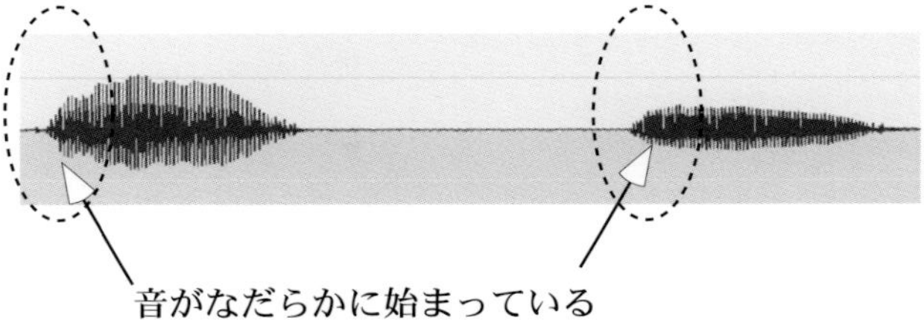

タイ語の［aa］［ii］

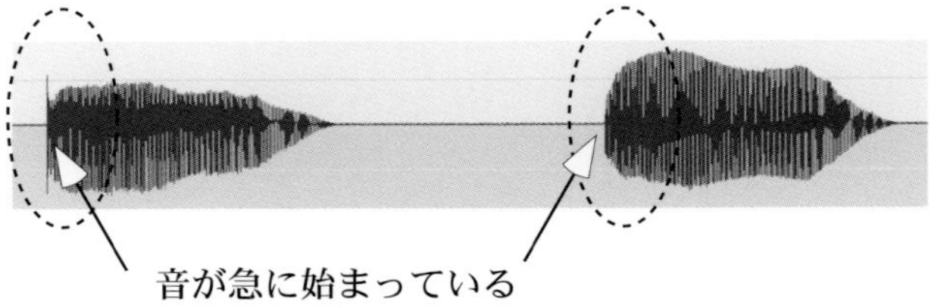

それぞれの音の先頭部分（○で囲んだ部分）に注目してください。全く違った波形になっています。

日本語はなだらかに始まっていますが、
タイ語では急に始まっています。

急に始まるためには、その前で一瞬息が停止する必要があります。息をためてから、勢いよく音を出します。そうすると図のような波形になるわけです。一瞬息を停止させるために声門を閉じることが必要です。何か失敗して『アッ！しまった！』と言ったときの『ッ！』の声門の状態です。これを『声門閉鎖』と呼び、発音記号 ［ʔ］で表します。

このように、タイ語の［aa］は声門閉鎖［ʔ］が現れてから音が出るので、発音記号では［ʔaa］と表記します。［ʔaa］以外の長母音もすべてこの声門閉鎖［ʔ］を伴い［ʔii］［ʔuu］のようになります。

タイ語ではこの［ʔ］を子音として考えるので、タイ語の単語は必ず子音で始まり、母音で始まる語がないということになります。

タイ語の［ʔaa］［ʔii］

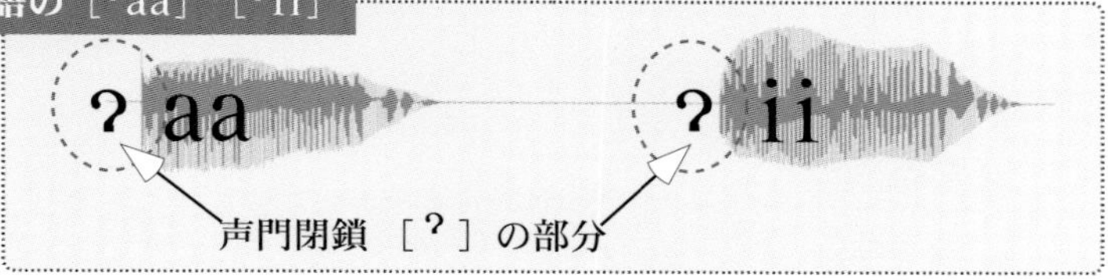

Lesson 1 では［ʔ］について触れませんでしたが、ここでは［ʔ］を感じながら次の 35 を聴いてください。

35　ʔaa　ʔii　ʔuu　ʔʉʉ　ʔəə　ʔee　ʔɛɛ　ʔoo　ʔɔɔ

上の 35 の音は 01 ～ 03 と同じ音ですが、音と音の間隔を短くしてあります。［ʔ］を感じるためのリスニング用として聴いてください。

『閉鎖』にこだわらないで！

声門閉鎖の『閉鎖』という言葉にこだわって喉（のど）を絞めようとすると苦しくて不自然な発音になります。この『閉鎖』という言葉は発音練習をするためには、むしろ邪魔になる言葉かも知れません。『閉鎖』という言葉にこだわらず、『アッ！しまった。』と言ったときの『ッ！』の声門の状態（のどの状態）を保つと考えてください。その『ッ！』の声門の状態を保って［aa(アー)］を出すこと。また、［aa］の音を出す前に声門が元の状態に戻らないように少し勢いをつけることがポイントです。これでタイ語の［ʔaa］の音が出るはずです。

参考までに、タイ語の長母音に関する音の構造をまとめておきます。

タイ語の長母音の構造

声門閉鎖［ʔ］および一般の子音の代表として m と n を例にすると下の表のようになります。

母音＼子音	aa	
		タイ語では、日本語のように母音単独では使わない。
ʔ	ʔaa	タイ語の長母音の基本形。
m	maa	一般の子音を伴った形。子音が［m］［n］なら日本語の『マー』『ナー』と同じ構造。
n	naa	

タイ人と声門閉鎖［ʔ］

タイの人は、生まれたときから声門閉鎖を伴った母音の音を聞き、自分自身も無意識のうちにその音を出しています。声門の状態を考えながら母音の音を出しているわけではありません。

従って、音声学の知識がある人は別として、一般のタイの人に声門閉鎖のことを質問しても、たぶん納得のいく答えは返って来ないでしょう。声門を閉めたりなんかしないという答えが返ってくるかも知れません。しかし、この声門閉鎖は、ネイティブが意識していないだけであって、我々外国人がネイティブと同じ音を出すために無視できない大切なポイントです。

Section 6　母音（2）短母音

日本語の短母音は、長母音が短くなったものと考えられます。しかし、タイ語の短母音は少し事情が違ってきます。

Lesson 15　短母音

まず、36 の音を聞いてみてください。 Lesson 14 の長母音のときと同じように、日本語と同じ音だと感じた方もいらっしゃるかも知れません。でも、これも違う音としてとらえます。

日本語の『ア』とタイ語の［a］の音の波形の特徴を調べてみましょう。

日本語の『ア』

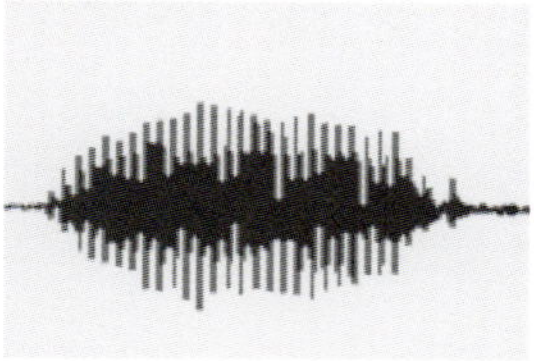

タイ語の［a］

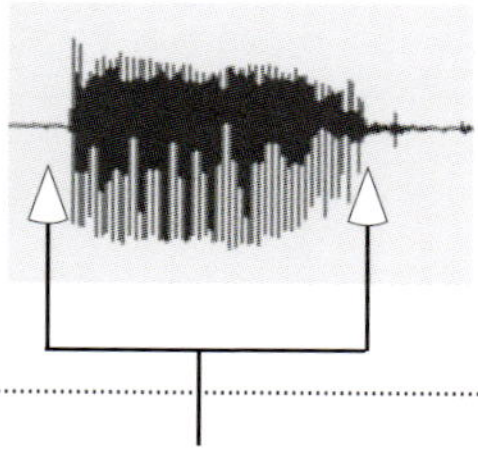

声門閉鎖 ［ʔ］ が表れている部分

日本語の『ア』は、なだらかに始まって、なだらかに終わっています。これに対し、タイ語の［a］は、急に始まって、急に終わっています。タイ語の最後の部分も前の Lesson 14 で説明した声門閉鎖の影響が現れています。従って、タイ語の短母音［a］は単独で発音すると［ʔaʔ］となります。

長母音の場合、声門閉鎖は単語（音節）の始めの部分のみに現れました。これに対し、短母音の場合は、単語（音節）の始めだけでなく終わりの部分にも現れます。以上のことは発音の構造がこのようになっていることを知識として理解していれば十分です。母音に声門閉鎖が伴うことが分かっていれば、後はたくさん聴いて練習するだけです。

短母音の練習に入りましょう！

① 短母音単独（単語としてこの形で現れることはほとんどありませんが、一応短母音の練習として）

36

ˀaˀ ˀiˀ ˀuˀ ˀʉˀ ˀəˀ ˀeˀ ˀɛˀ ˀoˀ ˀɔˀ

Point

『アッ！しまった』の『アッ！』を連続して『アッアッアッアッアッアッ』と発音したときの一部分『ッアッ！』の感じです。

② 単語として多く現れる形［子音＋短母音］

37

maˀ miˀ muˀ mʉˀ məˀ meˀ mɛˀ moˀ mɔˀ

Point

『アッ！しまった！』の『アッ！』の要領で、短く出した音を急停止させるだけです。

Section 7　子音（3）末子音（1）

一般に日本語の単語は『車（ku・ru・ma)』のように音節が母音で終わるという特徴があります。タイ語の場合は、日本語と同じく母音で終わるものと、それ以外に子音で終わるものがあります。この音節が子音で終わる音を末子音と呼び、下の７つの音があります。（分類の仕方によっては y と w を加えて９個の音として分類することもありますが、本書では下記の７個の音を末子音とします）

～m／～n／～ŋ／～k／～p／～t／～ˀ

このSection 7では ～m／～n／～ŋ を、次のSection 8で ～k／～p／～t を練習します。尚、～ˀ は前のLesson 15で出て来た短母音の後につく声門閉鎖のことです。

Lesson 16　末子音［～m／～n／～ŋ］

『ん』の音

まず、日本語の『ん』の音について考え直すことから始めます。

質問

『音楽（おんがく）』の『ん』は、『ん』ですか『ん』ですか？

日本語を習っているタイ人に、こんな質問をされることがあるかも知れません。日本人にとっては変な質問に感じられます。

あなたならどう答えますか？

変な質問と思いつつ、ある日本人が『ん』は『ん』なのだからと考え、［『ん』です。］と答えたとします。

でも、タイ人は何か納得しない様子です。

どうしてでしょう？

今の会話をタイ人の質問の意図もふまえて書くと、

タイ人 ： 音楽（おんがく）の『ん』は、

［n］ですか、それとも［ŋ］ですか？

日本人 ： ［n］です。

となります。

この会話でどうしてタイ人が納得しなかったのでしょう？

理由は、答えた日本人が『ん』は『ん』であって、『五十音表』の『ん』の音を出すときの［n］の音ただ一つだと誤解しているからです。一方質問者のタイ人は、『ん』は［n］と習ったにもかかわらず、どうして日本人は『ん』を［n］以外の音で発音するのか疑問なのです。

実際、我々は『ん』の音として［n］の音以外の音を出しています。違う音を使い分けていることを認識していないのです。

ここで、本当に『ん』の音が一つではないのかを確かめてみましょう。下の３つの単語の『ん』が同じかどうか、発音してみてください。

『散歩（さんぽ）』

『運動（うんどう）』

『音楽（おんがく）』

同じ音だと感じた方もたくさんいらっしゃると思います。

今度は、それぞれの単語をゆっくり発音して（ただし、『さ・ん・ぽ』のように音節で区切らずに）、『ん』の次の音が出る寸前（ほとんど次の音が出そうになる瞬間）で止めて、唇の形・舌の位置などを観察してみてください。

よく観察すると、次のようになっているはずです。

『散歩（さんぽ）』の『ん』-------上下の唇が閉じている。
『運動（うんどう）』の『ん』----舌先が上の歯ぐきの後ろについている。
『音楽（おんがく）』の『ん』----口の中が広くなって、舌は上あごについてない。

もし、上記のようにならなかった方は、『ん』の次の音が出る寸前よりも、もっと前に口を止めていないかもう一度確かめてみてください。

同じ『ん』でも我々は３つの違った音を出しています。この３つの『ん』がタイ語の［～ｍ／～ｎ／～ŋ］です。

ん

～m

『ムーーーーー』と長く発音し、途中で上下の唇を閉じた瞬間の音。

～n

『うんどう（運動）』の『ん』のように、前歯の上の歯ぐきの後ろに舌をピッタリつける。

～ŋ

『おんがく（音楽）』の『ん』のように、口の中を広く開けたまま、鼻にかかった『ん』。

下記の単語の音をよく聴いて、その違いを聴き分けると共に、発音できるように十分に練習してください。また、今は単語の意味を覚える必要はないです。音に集中してください。

38

chim	ชิม	味見をする
chin	ชิน	慣れる
chiŋ	ชิง	奪い取る，(選手権などを) 争奪する
chom	ชม	鑑賞する，ほめる
chon	ชน	ぶつかる
choŋ	ชง	(お茶などを) 入れる
dam	ดำ	潜る，黒い
dan	ดัน	押す
daŋ	ดัง	鳴る，有名な，（音が）大きい
kâam	ก้าม	エビ・カニのはさみ
kâan	ก้าน	(マッチ棒などの細くて長い) 棒
kâaŋ	ก้าง	(魚の) 骨
khom	คม	鋭い [刃物の切れ味]
khon	คน	人，かきまぜる
khoŋ	คง	恐らく，たぶん
naam	นาม	名前
naan	นาน	(時間的に）長い
naaŋ	นาง	女，～婦人 [既婚女性に対して]

～ m / ～ n / ～ ŋ は普段我々日本人も出している音なので、少し注意すればその音は簡単に出せるはずです。でも、日本人にとってその違いを聞き分けるのはかなり難しいです。聞き分けられるかどうかはタイ語を聞く量

に関係しますが、今あなたにとって大切なことは、自分が発音するときに、どの音を出しているかを意識することです。その意識が聞き分け能力を伸ばしていきます。

『ん』の参考

『新聞（しんぶん）』----------- 一番目の『ん』は [~ m]

『新聞と（しんぶんと）』----- 二番目の『ん』は [~ n]

『新聞が（しんぶんが）』----- 二番目の『ん』は [~ ŋ]

日本語の『ん』が「n」でないとき！

- 『ん』の次に [p / b / m] が来ると [m]
  《[p / b / m] は、上下の唇が閉じた状態で発音される音です。》
- 『ん』の次に [k / g] が来ると [ŋ]

しっかり区別すべき音-その4

~ m / ~ n / ~ ŋ の違い、特に~ n と~ ŋ の違いは単語を覚えるときには、どちらの音かを発音記号で確かめて必ず発音して（n と ŋ の音を感じながら発音して）覚えるようにしてください。

タイ文字神話

よく、タイ文字が読めないと発音が上手くならないという話を耳にします。そんな話のお陰で、タイ語の発音が悪いのはタイ文字が読めないからだと思い込んでいる方が沢山おられます。でも、タイ文字と発音は全く関係のない話です。文字が読めないとちゃんとした発音ができないなら、まだ文字を習ってないタイ人の子供は正しい発音ができないということになります。そんなことはないですよ！

大切なこと

大切なことは、自分がどの音を出しているかを

自分自身の中で意識すること。

タイ語には r と l、有気音と無気音、『ん』の区別、末子音など、日本人にとっては区別の難しい音があります。単語を覚えるときは、その単語に含まれる音が r なのか l なのか、また有気音なのか無気音なのか、末子音はどの音なのかをはっきり意識して覚えてください。例えば、［taa ตา 目］という単語を覚えるときに、［ター］と日本語的に覚えると［thaa ทา 塗る］と区別できなくなってしまいます。

メモ

Section 8　子音（4）末子音（2）

ここで解説する末子音　～ k / ～ p / ～ t　は、タイ語を習い始めたときにどんな音なのかと誰もが戸惑う音です。しっかり理解してください。

Lesson 17　末子音［～k / ～p / ～t］

まず、末子音［～ k / ～ p / ～ t］とはどんな音なのか、末子音だけが異なる3つの音［phak］［phap］［phat］をCDで聴き比べてみてください。

39　phak　phap　phat

違いが分かりましたか？

今まで、この末子音を聞いたことがない方は、どれも『パッ』ととしか聞こえなかったかも知れません。

どうして k / p / t　の音がはっきり聞き取れないのでしょう。

まず、この k / p / t　がどんな音か調べてみましょう。

次の 40 に、英語の book / top / pot を英語の発音ではなく、タイ語的に発音した音を入れてあります。聴いてみてください。

	Book	Top	Pot
40 **タイ語**	buk	top	pot

語尾のｋ／ｐ／ｔが全く聞こえなかった方、あるいは何となく語尾に何かの音があるように感じた方などいろいろだと思います。ただ、外来語として我々が発音する日本語の『ブック』『トップ』『ポット』とは、語尾が全く違って聞こえたはずです。

このタイ語と日本語の違いを音の波形で比べてみると下図のようになって、全く違った波形をしています。

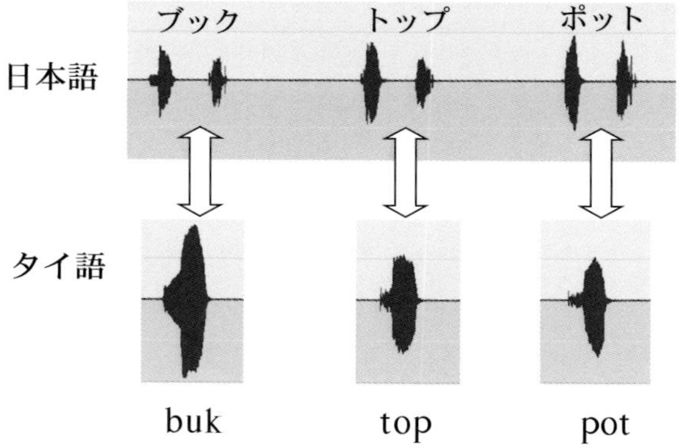

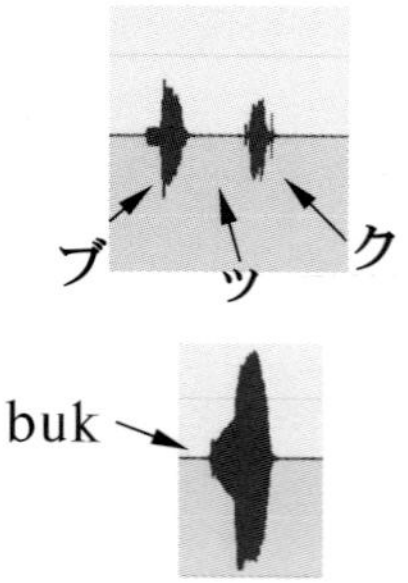

日本語の『ブック』は、『ブ』の音の波形のかたまりの次に『ッ』の音に当る無音のスペースがあり、それに『ク』の音が続いた３つの部分から音が出来ています。一方、タイ語の場合は、日本語の『ブ』の波形に似たかたまりが一つあるだけです。

音の波形から考えると、タイ語の音は

日本語の『ブック(bukku)』『トップ(toppu)』『ポット(potto)』の最後の音を抜いた形だと考えられます。

しかし、『ブッ(buk)』『トッ(top)』『ポッ(pot)』であって、ただの『ブ(bu)』『ト(to)』『ポ(po)』ではありません。『ブッ(buk)』の場合、語尾の［ k ］が［ bu ］の波形の語尾の部分に影響を及ぼしているはずです。そして、その影響の仕方が［ k / p / t ］で異なるためにネイティブはその違いを聞き分けられるのです。

どのようにその違いを出すのか、次のページで解説します。

メモ

末子音［～k / ～t / ～p］の練習

大切なことは［～k / ～p / ～t］の音が聞こえなくても、その音の口の形・舌の位置で音を終わること。そうすればネイティブは語尾の違いを聞き分けてくれます。

～k

日本語の『ハッキリ（hakkiri)』を『キ(ki)』の音を出す寸前で止めて『ハッ（hakk)』と発音したときの『ッ(kk)』の音。

あるいは、例えば dèk［子供］の場合『デック』というつもりで最後の『ク』を声に出さないで、『ク』の音を飲み込んでしまいます。そのとき、口の形、舌の位置は『ク(ku)』の母音を取った『k』の形で終わるようにします。

～p

『スッポン(suppon)』の『ポ(po)』の音を出す寸前で止めて『スッ(supp)』と発音したときの『ッ(pp)』。

あるいは、例えば dìp［生の］の場合『ディップ』というつもりで最後の『プ』を声に出さないで、『プ』の音を飲み込んでしまいます。そのとき、口の形、舌の位置は『プ(pu)』の母音を取った［p］の形で終わるようにします。唇が閉じた状態になっています。

～t

『ポット(potto)』の『ト(to)』の音を出す寸前で止めて『ポッ(pott)』と発音したときの『ッ(tt)』。

あるいは、例えば bàt［券］の場合『バット』というつもりで最後の『ト』を声に出さないで、『ト』の音を飲み込んでしまいます。そのとき、口の形、舌の位置は『ト(to)』の母音を取った［t］の形で終わるようにします。舌先が上あごに付いた状態になっています。

41

hàk	หัก	折れる
hàt	หัด	練習する
kàp	กับ	～と共に
kàt	กัด	噛みつく
khàp	ขับ	運転する
khàt	ขัด	磨く
phák	พัก	1．休む［休暇・休養］ 2．泊まる，宿泊する
pháp	พับ	(紙などを) 折る，(服などを) 畳む
phát	พัด	(風が) 吹く，扇ぐ，扇子
tàk	ตัก	(水を) 汲む，(御飯などを) よそう
tàt	ตัด	切る
tàp	ตับ	肝臓
phûu lên	ผู้เล่น	選手
phûut lên	พูดเล่น	冗談を言う
lót	ลด	1．減らす　2．(値段を) 引く
lóp	ลบ	マイナスする，(書いたものを) 消す
róp	รบ	戦う
rót	รด	(植木などに) 水をやる
chìi	ฉี่	おしっこをする
chìit	ฉีด	ホースやスプレーで液体やガスを放出する様

単語を覚えることが目的ではないです。末子音の違いを感じてください。

phûu と phûut の違いを感じてください。

今、聞き取りができなくても、自分が発音するときには自分の意識の中で必ず区別すること。

Lesson 18　末子音と声門閉鎖のまとめ

末子音［～ʔ /　～k / ～p / ～t］の比較

末子音だけが異なる単語でそれぞれの違いを聴き比べて語尾の違いを感じてください。

สระ	สัก	สับ	สัตว์
sàʔ	sàk	sàp	sàt
（髪を）洗う	チーク材	刻む	動物

［ʔ］は、その前の母音《［sàʔ］の場合は［a］》の口の形・舌の位置を保ったまま声門を閉めた状態です。

聞き取れない！

まだタイ語の音を聞く量が少ないのですから、タイ語を習い始めた段階では当然です。ただし、長く勉強しているのに聞き取れない場合もあります。その大きな理由は、たくさん聞くだけで聞き取りができるようになると考えるからです。確かにたくさん聞くということは必要条件ですが、同時に自分が音を出すことも同じように重要です。単語をスムーズに発話できるようになればその単語も聞き取り易くなります。

対策 は、聴くことだけでなく自分が何の音を出しているかを意識しながら発音することです。

声門閉鎖『ʔ』は、どんなときに現れるのか？

声門閉鎖は常に母音の前後に現れます。

ただし、次の２つの場合に限られます。

① 長母音・短母音・重母音など母音の種類に関係なく母音の前。（ただし、母音の前に子音があれば声門閉鎖［ʔ］は、その子音に置き換わります。）

［例］　『アー』は［ʔaa］となり、『マー』は［m•ʔaa］とならず、［maa］となります。

② 末子音として短母音の後。（ただし、その短母音の後に他の末子音があれば声門閉鎖［ʔ］は、その末子音に置き換わります。）

［例］　『マ』は［maʔ］となり、例えば末子音［t］が付くと［maʔ•t］とならず、［mat］となります。

注意

・声門閉鎖は、基本的に上記の場合に現れます。
しかし、会話の中では前後の音との関係や発音のスピードなどにより、常に顕著に現れるとは限りません。

・発音記号の表記で、声門閉鎖［ʔ］があるべき箇所にこの記号が付いていない場合も多々あります。これは、この［ʔ］を常に上記の規則通りに表記すると発音記号が［ʔ］だらけになってしまうので、略されていると考えればいいです。

Section 9　母音（3）重母音

ai / ao / iao のように母音が重なったものを重母音と呼び、次の18 個の音があります。（ aa や ii のように同じ母音を連ねて表記する音は Lesson 1 の長母音と呼びます）

ai　aai　ao　aao　ia　iao　iu　ua
uai　ui　ʉa　ʉai　əəi　eo　eeo　ɛɛo
ooi　ɔɔi

発音記号を見る限り、今まで習った音の組み合わせだけで簡単なように感じられます。しかし、音によっては普段ネイティブが話している音と発音記号の音が一致しないように感じる音もあります。

この Section では、発音記号から感覚的に出せる音と、発音記号から受ける印象と少しズレがある音を区別して便宜上３つのグループに分けて解説します。

グループ１（ほぼ発音記号と同じ感覚で出せる音）

ai　aai　iu　ui　əəi　ooi　ɔɔi

グループ２（語尾が発音記号の「o」で終わる音）

ao　aao　eo　eeo　ɛɛo

グループ３（状況によって発音記号とかなり違って聞こえる音）

ia　iao　ua　uai　ʉa　ʉai

Lesson 14 で解説したように母音単独で発音する場合は、声門閉鎖［ʔ］を伴って ʔai のようになりますが、この Section では［ʔ］を省略して表記します。表記を省略しても［ʔ］があることに変わりはありません。

まず最初に、重母音全般の話としてその特徴を解説します。
日本語の『青』をローマ字表記すると『ao』となります。
日本語の場合、これは［ａ］と［ｏ］の各１音節の音が２つ連なった２音節の音です。一方、タイ語の重母音［ao］はそのかたまりを１音節の音として扱います。即ち、タイ語の［ao］はそれ以上音を分けられない音、［a•o］のようには区切れない音ということになります。１つの音なので、発音記号の文字と文字の境が混ざり合った状態になるため、音によっては発音記号から感じる音とは違った音に聞こえることがあります。（グループ２とグループ３の音に顕著に現れます）

重母音は最初の音が強く、それに続く音を軽く添えて１つの音になるといった感じです。音の強さを文字の大きさに置き換えると、タイ語の［ao］は［ao］のようになります。音の混ざり合いまでをイメージすると下のような感じです。

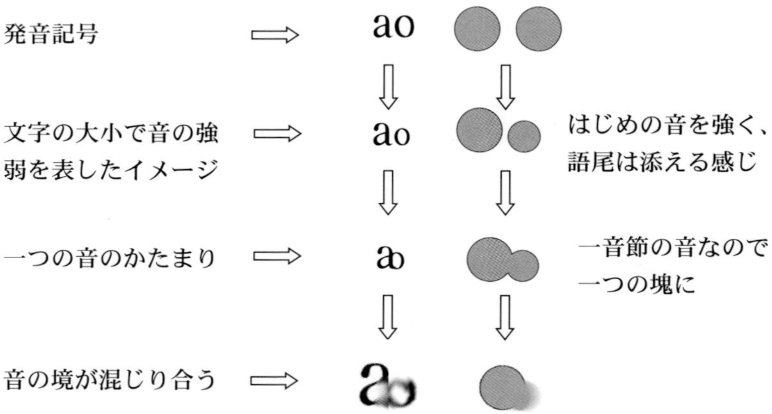
発音記号
ao
文字の大小で音の強弱を表したイメージ
ao
はじめの音を強く、語尾は添える感じ
一つの音のかたまり
ao
一音節の音なので一つの塊に
音の境が混じり合う
ao

> 重母音は、分類の仕方によりその数が変わり、ia / ua / ʉa の３個に分類している本もあります。このことについてはコラム『重母音と末子音の分類』[p.79] に整理してあります。

Lesson 19　重母音［グループ１］

グループ１　ほぼ発音記号と同じ感覚で出せる音

音の混ざりは無いと考えてよいグループです。

このグループには７個の音が出てきますが、このグループにはどんな音があるというような覚え方をする必要はありません。

それぞれの発音記号がどんな音かを確かめ、そしてそれが１音節の音であると意識すればそれで十分です。

43

ai　aai　iu　ui　əəi　ooi　ɔɔi

44

pai	ไป	行く
saai	ทราย	砂
hĭu	หิว	空腹な
khui	คุย	話す
khəəi	เคย	～したことがある
kha•mooi	ขโมย	盗む
lɔɔi	ลอย	浮かぶ
ʔa•rɔ̀i	อร่อย	おいしい

『おいしい』の［อร่อย］はタイ文字をそのまま発音記号にすると ʔa•rɔ̀ɔi ですが ʔa•rɔ̀i と母音を短く発音することが多いです。

⇩

長母音が短く発音されることは、
日常の会話でよく起こる現象です。

このグループの音は、発音のスピードが変化しても発音記号との違和感がない音です。

ai

ai は a を強く発音し、それに i を軽く添えます。

aai

aai は a を強く長めに発音し、それに i を軽く添えます。

iu

iu は i を強く発音し、それに u を軽く添えます。

ui

ui は u を強く発音し、それに i を軽く添えます。

əəi

əəi は ə を強く長めに発音し、それに i を軽く添えます。

ooi

ooi は o を強く長めに発音し、それに i を軽く添えます。

ɔɔi

ɔɔi は ɔ を強く長めに発音し、それに i を軽く添えます。

タイ語の重母音は１音節

発音記号の文字が２文字であっても３文字であっても、それは２つの音あるいは３つの音に区切って発音するのではなく、１つの音（１音節の音）として発音します。
例えば、日本語の『百（ひゃく）』の『ひゃ』は『ひ』と『や』の２文字ですが、『ひ』と『や』に分けられない１音節の音です。これを２音節の音で発音すると『百』ではなく『飛躍』になってしまいます。

間を裂ける『愛』と 裂けない『ai』

日本語の『愛』は『あ』『い』と１音節ずつに区切ることができます。『咳 (せき) をする』という意味のタイ語 ʔai はタイ文字で ไอ と表記します。この ไ が ai という重母音を表し、一文字で表記します。即ち、タイ語の ai はこれ以上分割できない音なのです。

45 復習を兼ねて、重母音を使って声調の練習をしましょう。

① mâi 否定　mâi 燃える　ไม่ไหม้　燃えない

② mǎi シルク　mài 新しい　ไหมใหม่　新しいシルク

③ mài 新しい　mái 疑問　ใหม่ไหม　新しいですか？

④ mâi 否定　mài 新しい　ไม่ใหม่　新しくないです

⑤ máai 木　mài 新しい　mâi 否定　mâi 燃える　ไม้ใหม่ไม่ไหม้　新しい木は燃えない

＊ 否定語の ไม่ も『燃える』の ไหม้ も発音は同じ mâi。

＊ ไหม［mǎi］は、疑問の『～か？』と『シルク』の意味があります。
ただし、疑問の『～か？』は、日常 mái と発音することが多いです。

重母音と末子音の分類

本書では、重母音を18個の音として扱っていますが、3個の音に分類している本もあります。異なる音を表しているわけではなく、分類方法が違うだけです。18個の重母音が3個になってしまうのは、本書で使っている発音記号の第2または第3番目の文字に現れる i と o が、それぞれ末子音の y と w として分類されているからです。（本書では y と w を末子音として扱っていません。）

例えば、本書の ai を ay、ao は aw のように重母音としてではなく『母音(a)＋末子音(y・w)』として扱っています。この分類法だと、本書の語尾が i と o の音は全て重母音ではなくなるため、18個の重母音の内グループ3に含まれている ia / ua / ʉa の3個だけが重母音になります。その場合、末子音は y と w の2個増えるので、末子音は9個になります。ただ、発音を学ぶという意味では『母音』に『末子音』が付いたものという感覚より、重母音として一つの音のかたまりと考えた方がいいです。

[i] ⟹ [y]
[o] ⟹ [w]

	本書の分類法	別の分類法
重母音	18個	3個
末子音	7個	7＋2(y・w)＝9個

Lesson 20　重母音［グループ２］

グループ２　語尾が発音記号の「o」で終わる音

次の５個の音がこのグループに属し、音の混ざりが現れます。

ao　aao　eo　eeo　ɛɛo

Lesson 19 のグループ１の音は、重母音が１音節の音であることに気をつければいいだけですが、このグループ２の音は音の境の混じり合いが現れます。語尾の o は、その前の音と混ざり合って o と u の中間のような音になります。

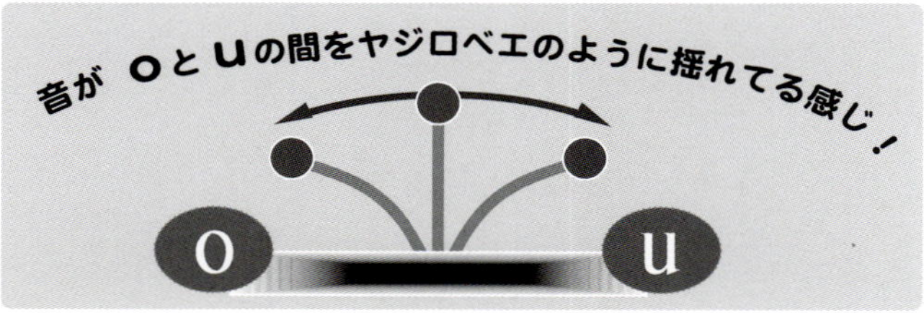

では、どんな聞こえ方をするのか、語尾の［o］に注意して 46 を聴いてみてください。

46

ao　aao　eo　eeo　ɛɛo

語尾が同じ［o］なのに違った聞こえ方をしたと思います。

では、どちらの音を使うのでしょう？

どちらの音も使います。これが［音が u と o の間をヤジロベエのように揺れている］という意味です。

音の揺れの一つの目安として、一般に ao / aao は［o］の方に振れ、eo / eeo / εεo は［u］の方に振れる傾向があります。また、同じ話者でも、一般に発音のスピードが速いときは［o］の方に振れ、スピードが遅いときは［u］の方に振れる傾向があります。

次の 47 は、このグループの音が使われている単語です。発音記号のイメージと違っていても、それは音の揺れと考えてください。

47

ŋao	เงา	影
daao	ดาว	星
reo	เร็ว	速い
leeo	เลว	劣った，よくない
mεεo	แมว	猫［ネコ］
thěo níi	แถวนี้	この辺り

『この辺り』の［แถวนี้］はタイ文字をそのまま発音記号にすると thěεo níi ですが thěεo を thěo と母音を短く発音することが多いです。

発音記号にこだわり過ぎないこと！

発音記号は、タイ文字をアルファベットに写したもので、よくできています。

しかし、重母音に関しては、要注意！！

重母音の場合、音の混ざり合いがあるので発音記号から想像する音とは違った音に聞こえるものが多いです。従って、重母音の発音記号は、基本になる音を便宜上アルファベットの組み合わせで表わしていると考えてください。

下記の解説で『状況により』とあるのは、発音のスピードが大きく関係して来ますが、それ以外にもその人の癖・好み・気分などをさすと考えてください。

ao

ao は a を強く発音し、それに o を軽く添えます。
状況により ao に近かったり、au に近かったりします。

aao

aao は a を強く長めに発音し、それに o を軽く添えます。
状況により aao に近かったり、aau に近かったりします。

eo

eo は e を強く発音し、それに o を軽く添えます。
状況により eo に近かったり、 eu に近かったりします。

eeo

eeo は e を強く長めに発音し、それに o を軽く添えます。
状況により eeo に近かったり、 eeu に近かったりします。

εεo

εεo は ε を強く長めに発音し、それに o を軽く添えます。
状況により εεo に近かったり、 εεu に近かったりします。

ここで、他の教科書を参照したときに混乱しないように、このグループの音の発音記号について少し整理しておきます。

[p.79] のコラム『重母音と末子音の分類』で o を w と表記する分類法もあると解説しました。 47 [p.81] のタイ文字を見ると ŋao 以外の音のタイ文字表記には ว の文字が使われています。この ว は w の音を表します。それが一つの理由で語尾に w を使うのだと思われます。

その場合、 46 の [ao　aao　eo　eeo　ɛɛo] は

aw　aaw　ew　eew　ɛɛw

と表記されます。

この w は、ヤジロベエが u の方向に触れたときの音のイメージです。

語尾を o で表記しても w で表記しても、このグループの音は振れのある音なので、これが正しいという音を表記できません。本書で語尾の表記に o を使っている一つの理由は、タイ語の教室で先生がゆっくり丁寧に発音する音が w のイメージであっても、実際に我々が日常耳にする音は o のイメージになることが圧倒的に多いからです。教室で習った音とネイティブが話す音に違いを感じても、どちらが正しいのだろうと悩まずに、振れのある音だからと理解してください。

発音記号の他書との比較

ʉ ──► ɯ	〈単に使っている文字が違っているだけ〉
~ i ──► ~ y ~ o ──► ~ w	〈本書では [~ i / ~ o] を重母音の一部としているのに対し、[y と w] を末子音として扱った場合〉
	コラム『重母音と末子音の分類』[p.79] 参照

Lesson 21 重母音［グループ３］

グループ３ 状況によって発音記号とかなり違って聞こえる音

音の混ざりが一番顕著に現れるグループです。

このグループの音は、発音記号とのズレを次の２段階で感じます。

① 音の混ざり合いによるズレ。

重母音の特徴である音の混ざり合いが顕著に出ます。

② 発音のスピードが速い場合のズレ。

発音のスピードが速くなると、① よりもっとズレた聞こえ方をします。

この Lesson では、発音のスピードに関係なく音の混ざり合いによって発音記号と少し違った印象を受ける上記 ① の場合の音を体験します。これが基本の音です。 ② のズレについては、Section 12-2『重母音の変音』で解説します。

48 ia iao ua uai ʉa ʉai

この 48 の音は、母音を単独に発音したときの基本の音です。でも、このグループの音は音の混ざりが一定しないので、同じ発音記号でも違った音に聞こえることがあります。どんな聞こえ方をするのかは次ページからの解説を参考にしてください。

49

bia	เบียร์	ビール
diao	เดียว	一つだけ
tua	ตัว	体，身体
sŭai	สวย	きれいな
rʉa	เรือ	船
nʉ̀ai	เหนื่อย	疲れる

以下、このグループの音について解説しますが、既にネイティブを相手にタイ語を話されている方の中には、以下の解説とは違った聞こえ方をすることがあると感じておられる方もいらっしゃると思います。これは、前のページの ② の発音のスピードによるズレで、このことについては Chapter 2 の Section 12-2 『重母音の変音』で解説します。ここでは基本になる音と発音記号を結びつけてください。

ia

ia は i を強く発音し、それに a を軽く添えます。

この音を表すタイ文字には y を表す ย があり、基本的に iya の音が混ざり合った音を発音記号では ia と表記していると考えた方がよいでしょう。従って、ia あるいは iya に近い音に聞こえます。

iao

iao は上記の ia に o を軽く添えます。

この音を表すタイ文字にも y を表す ย があり、音の混ざり方が一定せず iau / iyao / iyau などに近い音に聞こえます。

ua

ua は u を強く発音し、それに a を軽く添えます。

この音を表すタイ文字には w を表す ว があり、基本的に uwa の音が混ざり合った音を発音記号では ua と表記していると考えた方がよいでしょう。従って、ua あるいは uwa に近い音に聞こえます。

uai

uai は上記の ua に i を軽く添えます。語尾の i を強く発音しないので、状況によっては i より e に近い音に聞こえたりもします。

この音を表すタイ文字にも w を表す ว があり、音の混じり合いにより uwai / uae / uwae に近い音にも聞こえます。

ʉa

ʉa は ʉ を強く発音し、それに a を軽く添えます。状況によっては ʉwa のようにも聞こえます。

ʉai

ʉai は上記の ʉa に i を軽く添えます。語尾の i を強く発音しないので、状況によっては i より e に近い音に聞こえたりもします。

音の混じり合いにより ʉwai / ʉae / ʉwae に近い音にも聞こえます。

メモ

Section 10　子音（5）重子音

tr / phl のように子音が重なったものを重子音と呼びます。
タイ語の重子音は　k / kh / p / ph / t / th　が r / l / w
と結合して下記の 12 個の重子音を作ります。

kr	khr	tr	thr	pr	phr
kl	khl			pl	phl
kw	khw				

Lesson 22　重子音

母音 aa を付けた形で下記の音を聞き比べてみてください。

ポイントは k / kh / p / ph / t / th　の後ろに母音を入れないつもりで、次の音 r / l / w　を続けて発音します。

50　kraa　khraa　klaa　khlaa

51　kwaa　khwaa

52　praa　phraa　plaa　phlaa

53　traa　thraa

区別の難しい有気音・無気音、それに r と l が混在しているので聞き分けられるようになるには時間がかかるかも知れません。

でも、発音するときには自分の意識の中でしっかり区別しましょう。
そうすることが、聞き分け能力を伸ばします。

54	kra•còk	กระจก	1．鏡　2．ガラス
	kruŋ thêep	กรุงเทพฯ	バンコク［タイの首都］
	khráp	ครับ	はい［男性が使う丁寧語］
	khruu	ครู	先生，教師
55	klàp	กลับ	帰る
	klua	กลัว	恐い
	khlɔ̂ɔt	คลอด	(子供を）産む
	khlɔ̂ŋ	คล่อง	流暢な
56	kwâaŋ	กว้าง	広い
	kwàat	กวาด	掃く
	khwǎa	ขวา	右
	khwan	ควัน	煙
57	pra•tuu	ประตู	ドアー，扉，門
	pra•maan	ประมาณ	大体〜，約〜，〜位
	phrík	พริก	唐辛子類の総称
	phrûŋ níi	พรุ่งนี้	明日
58	plaa	ปลา	魚
	plɛɛ	แปล	訳す
	phleeŋ	เพลง	歌
	phlɛ̌ɛ	แผล	(ケガの) 傷
59	troŋ	ตรง	まっすぐな
	triam	เตรียม	準備する，用意する
	thrít•sa•dii	ทฤษฎี	理論
	thram•pèt	ทรัมเป็ต	トランペット

Section 11　練習

Section 10 までで、タイ語の基本となる音はすべて出て来ました。これでどんな単語も発音できるはずです。これまでは、発音練習のための意味のない音や単語だけの練習でしたが、ここではタイ語を習い始めた頃に覚える日常よく使う次のような表現を練習してみましょう。

＊数字
＊あいさつ
＊ごめんなさい
＊これは何ですか？
＊いくらですか？
＊トイレはどこですか？
＊お腹すきましたか？
＊何が食べたいですか？
＊メニューを見せてください
＊あなたは日本人ですか？
＊タイ語は話せますか？
＊お名前は？　お年は？

Lesson 23　簡単な表現の練習

まだタイ語を習い始めたばかりの方で、ほとんどタイ語の単語を覚えていない方は、タイ語の会話の雰囲気を感じるだけでもいいです。

ただ、60 と 61 の『数字』と『あいさつ』だけは正しい発音で、ここで覚えてしまいましょう！

60

数字

1	2	3	4	5	6	7	8	9	10
nʉ̀ŋ	sɔ̌ɔŋ	sǎam	sìi	hâa	hòk	cèt	pɛ̀ɛt	kâao	sìp
หนึ่ง	สอง	สาม	สี่	ห้า	หก	เจ็ด	แปด	เก้า	สิบ

11	20	21
sìp ˀèt	jîi sìp	jîi sìp ˀèt
สิบเอ็ด	ยี่สิบ	ยี่สิบเอ็ด

*『十の位』が『 2 』の場合［20 21 22・・・・29］には十の位は sɔ̌ɔŋ sìp ではなく jîi sìp となります。

* 11 や 21 のように、『一の位』の数字が『 1 』の場合は 1 を ˀèt と読みます。

声調

声調にも注意して練習してください。タイ語の先生曰く、特に nʉ̀ŋ [1] の声調が nʉ́ŋ になる日本人が多いそうです。気をつけましょう！

[ŋ] の音

nʉ̀ŋ [1] と sɔ̌ɔŋ [2] の［ŋ］の発音を日本語の『ん』で片付けないように、ちゃんと［ŋ］の発音を意識しましょう。

末子音

hòk [6] と cèt [7] / pɛ̀ɛt [8] と sìp [10] の『末子音』の違いを意識しましょう。

61 あいさつ

『こんにちは』　sa•wàt•dii khráp　สวัสดีครับ

『こんにちは』　sa•wàt•dii khâ?　สวัสดีค่ะ

『お元気ですか？』　sa•baai•dii mái khá?　สบายดีไหมคะ

『元気です』　sa•baai•dii khráp　สบายดีครับ

『疑問』の mái

この音、どのように聞こえたでしょう？

mái ではなく méi か mé のように聞こえたと思います。普通の会話では、この例のように文が mái で終わらずに、mái の後に丁寧語等が付くと méi や mé と変化することが多いです。

文末に付ける丁寧語［khráp / khâ? / khá?］

* 男性は常に khráp を使います。
* 女性は、疑問文には khá? を、その他の普通文には khâ? を使います。

『あいさつ』の sa•wàt•dii はタイ語を習い始めた最初に習う表現です。『末子音』についてはまだ習っていない時期です。この sa•wàt•dii を末子音の［t］を抜かして、sa•wà•dii と発音するとネイティブはその違いを聞き分けます。即ち、ネイティブが出す音とは違って聞こえているはずです。ネイティブと同じ音を出すためには、たとえ聞こえなくても末子音［~k / ~p / ~t］は必ず意識しましょう。

62 ごめんなさい

『ごめんなさい』　khɔ̌ɔ•thôot khâʔ　ขอโทษค่ะ

『いいえ』　mâi pen•rai khráp　ไม่เป็นไรครับ

mâi pen•rai は、『別にこちらは気にしてませんよ』という意味でいろんな場面で耳にすることが多い言葉です。

63 これは何ですか？

これは何ですか？　nîi ʔa•rai kháʔ　นี่อะไรคะ

これはエビです。　nîi kûŋ khráp　นี่กุ้งครับ

kûŋ は無気音［k］と末子音［ŋ］の音の特徴がよく表れる単語です。機会があれば、ネイティブに発音してもらって観察してみましょう。発音をするときの参考になると思います。

98 [p.122] に khun［あなた］と kûŋ［エビ］の音が入っています。この音も聴いてみて［kh］と［k］/［n］と［ŋ］の違いを感じてください。

⇩

[p.122] の『君はエビが好きかい？』の文は mái で終わっています。こんな場合の mái は発音記号通りに発音されます。

64 いくらですか？

これはいくらですか？　nîi thâo•rài khá?　นี่เท่าไรคะ

５７０バーツです。　hâa•rɔ́ɔi cèt•sìp bàat khráp

５７０บาทครับ

これはタイの通貨バーツを表す記号で［bàat］と発音します。また、570 Baht のように Baht を使って表記することもあります。

65 トイレはどこですか？

トイレはどこですか？　hɔ̂ŋ•náam yùu thîi•nǎi khá?

ห้องน้ำอยู่ที่ไหนคะ

真っすぐ行って右です。　troŋ pai líao khwǎa khráp

ตรงไปเลี้ยวขวาครับ

ありがとう。　khɔ̀ɔp•khun khâ?　ขอบคุณค่ะ

66 お腹すきましたか？

お腹すきましたか？　hǐu khâao mái khá? หิวข้าวไหมคะ

はい、すきました。　hǐu khráp หิวครับ

食事に行きますか？　pai thaan khâao mái khá?
ไปทานข้าวไหมคะ

はい、いきます。　pai khráp ไปครับ

67 何が食べたいですか？

何が食べたいですか？　yàak cà? thaan ?a•rai khá?
อยากจะทานอะไรคะ

タイ料理が食べたいです。　yàak cà? thaan ?aa•hǎan thai khráp
อยากจะทานอาหารไทยครับ

タイ料理が好きなんですか？　chɔ̂ɔp ?aa•hǎan thai rʉ̌ʉ khá?
ชอบอาหารไทยหรือคะ

好きです。　chɔ̂ɔp khráp ชอบครับ

68 メニューを見せてください

メニュー見せてください。　khɔ̌ɔ duu mee•nuu nɔ̀i khá?
ขอดูเมนูหน่อยคะ

どうぞ。　chəən khráp เชิญครับ

ありがとう。　khɔ̀ɔp•khun khâ? ขอบคุณค่ะ

69 あなたは日本人ですか？

あなたは日本人ですか？

khun pen khon jîi•pùn rʉ̌ʉ khráp

คุณเป็นคนญี่ปุ่นหรือครับ

はい、そうです。私は日本人です。

châi khâʔ, di•chán pen khon jîi•pùn

ใช่ค่ะ ดิฉันเป็นคนญี่ปุ่น

70 タイ語は話せますか？

タイ語は話せますか？ phûut phaa•sǎa thai dâi mái khráp

พูดภาษาไทยได้ไหมครับ

少し話せます。 phûut dâi nít•nɔ̀i khâʔ พูดได้นิดหน่อยค่ะ

71 お名前は？　お年は？

お名前は？ khun chʉ̂ʉ ʔa•rai khráp คุณชื่ออะไรครับ

レイナです。 di•chán chʉ̂ʉ Reina khâʔ

ดิฉันชื่อ Reina ค่ะ

何歳ですか？ ʔaa•yúʔ thâo•rài khráp อายุเท่าไรครับ

18 歳です。 ʔaa•yúʔ sìp pɛ̀ɛt khâʔ อายุสิบแปดค่ะ

このページの 69 ～ 71 の女性の声はネイティブではなく日本人です。

Chapter 2

ネイティブの出す音

Chapter 2 ネイティブの出す音

タイ語の練習に入る前に、ネイティブが自分の母国語に対してどんな認識を持っているか日本語を例にして考えてみます。

次のコラムの質問に答えてください。

例えば『ア』の音　*Part II*

質問　『あめ（雨）』の『あ』と『あした（明日）』の『あ』は同じ音でしょうか？

何度か発音してみて同じかどうか結論が出たら、次のコラムに従って確かめてみてください。

まず『あめ』と言ってみてください。次に鼻から息が出ないように鼻をつまんでもう一度『あめ』と言ってみてください。鼻をつまむと『あ』の音が響いて、つままなかった時の『あ』の音と違って聞こえたはずです。

今度は、『あした』と言ってみてください。次に鼻をつまんでもう一度『あした』と言ってみてください。
今度の『あ』の音には変化がなかったはずです。

この質問に対して、同じ音だと思った方もいらっしゃると思います。むしろほとんどの方はその違いに気づかなかったのではないでしょうか？

しかし、今確かめたように、我々は『あめ（雨）』の『あ』と『あした（明日）』の『あ』に違った音を使っているのです。同じ文字で表記されているにもかかわらず、違った音を使っているのです。これは一つの例ですが、我々が日常出している音が『五十音表』を発音するときに使う音だけではないということです。

どうしてこんなことが起こるのでしょう？

単語として音の連なりを発音する場合は、『五十音表』を発音するときと違って、前後の音の関係で出しやすい音を出す傾向があります。そのために、その言語の基本とされる音以外の音も出しているのです。この状況はタイ語でも同じです。

もし！

① もし、日本語を『五十音表』を発音するときに使う音だけで発音したら！

生きた言葉としては不自然で、昔のSF映画に登場するロボットの発音のように、機械的な音になるでしょう。

② もし、左のページの『あ』の質問を外国人から受けたら！

ほとんどの日本人は同じ音だと答えるでしょう。

ネイティブの言うことが １００％正しいわけではないのです。自分にはこう聞こえるけど、ネイティブがこう言うから、教科書にこう書いてあるからそれらに従う。基本を習っている間はそれでいいでしょう。でも、基本のことが理解できたら、後は自分の耳を頼りに自然なタイ語の音を身につけてください。生きた言葉を学んでいるのです。古くなった教科書に忠実になり過ぎないようにすることも大切です。

Section 12　文字の通りに発音されない音

ここでは、文字の通りに発音されないため、あるいは一つの文字が複数の音で発音されるために誰もが戸惑う下記の３つのことについて解説します。

①　mâi と dâi の変音［これも ② の重母音の変音ですが、ここでは ② と分けて解説します］

②　重母音の変音

③　l と r の欠落

この Section の『変音』や『音の欠落』についての知識がないと、耳にしたタイ語を辞書で引くことが難しくなります。また、重母音を表す発音記号と実際の音にはズレがあることを知っておかないと、発音記号通りに聞こえないのは自分の耳が悪いからだという見当違いの誤解をすることになります。

Section 12-1　mâi と dâi の変音

Lesson 24　mâi と dâi の変音

重母音 ai は a を強く発音し、それに i を軽く添えます。このことさえできれば発音記号のイメージ通りの音です。しかし、次の２つの場合には注意してください。

下の 72 と 73 には、変音した音を入れてあります。

① 否定の ไม่ mâi は会話では mêi や me と変音することが多いです。mêi に変音するか me に変音するかは、会話のスピードなどの状況によります。

72

mâi chɔ̂ɔp	ไม่ชอบ	好きではない，嫌い
mâi dii	ไม่ดี	よくない，悪い
mâi dâi	ไม่ได้	だめ［禁止］
mâi tɔ̂ŋ ~	ไม่ต้อง ~	～する必要はない
mâi ʔao	ไม่เอา	要らない，いやだ
mâi kìao	ไม่เกี่ยว	無関係だ，関係がない
mâi•khɔ̂i hǐu	ไม่ค่อยหิว	あまりお腹がすいていない
tham mâi dâi	ทำไม่ได้	できません

② ［ไม่ได้ mâi dâi ＋ 動詞］で表す過去の否定『～しなかった』の mâi dâi は会話では mâi が mêi や me に、dâi が dêi や de に変音することが多いです。

73

mâi dâi pai	ไม่ได้ไป	行かなかった［過去形］
mâi dâi•jin	ไม่ได้ยิน	聞こえない

この音は『聞こえる』という意味の dâi•jin を mâi で否定したもので mâi と dâi が続いて mâi dâi となるので、この語も変音した形で日常耳にすることが多いです。

mâi と dâi の変音の過程

mâi と dâi の変音の仕方についてまとめておきます。

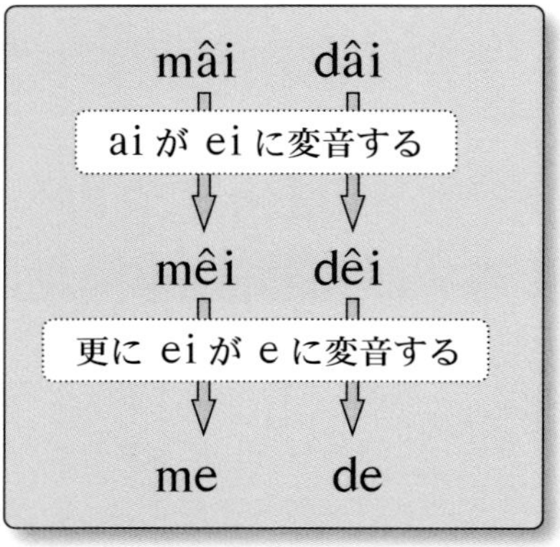
mâi dâi
ai が ei に変音する
mêi dêi
更に ei が e に変音する
me de

左の図のように

ai ⇨ ei ⇨ e

の過程で変音します。

状況にもよりますが、日常 dêi と変音した音を耳にすることは少ないかも知れません。

mâi と dâi は、それぞれの語が上の図のように変音します。
従って、この２語が mâi dâi と続く場合は mêi dêi / mêi de / me dêi / me de など種々の組み合わせが考えらるので複雑です。
複雑ですが、あまり気にしなくていいです。 mâi と dâi は変音することが多いことが分かっていればいいです。どのように変音するかは、ネイティブと会話をするようになると、自然に覚えます。

覚えてますか？

[p.92] で出て来た『疑問の mái』の話を覚えてますか？

この『疑問の mái』も、ここに出て来た『否定の mâi』 と同じ感じで変音していたということです。

『疑問の mái』のタイ文字は［ไหม］で、これをそのまま発音記号にすると［mǎi］となります。ただし、日常の会話では［mái］と発音されることが多いので、本書では疑問の［ไหม］を［mái］と表しています。

複雑そうな話が続きましたが、簡単にまとめておきます。
辞書を引くときの参考にしてください。

① 『メイ』あるいは『メ』と聞こえる語は『疑問の mái』あるいは『否定の mâi』の可能性が大きい。

② 『メデ』と聞こえる語は『過去の否定の mâi dâi』の可能性が大きい。

もし、あなたがタイ語を習い始めたところなら、上の２つのことを覚えておけばいいです。

メモ

Section 12-2　重母音の変音

Section 9 で重母音について学習しましたが、重母音についてはもう少し知っておいた方がよいことがあります。ここでは、特にまぎらわしい重母音について解説します。

今後タイ語の音をたくさん聴いているうちに単語によっては『発音記号と違って聞こえる』という経験をすると思います。そんなときに必要以上に悩まないために変音についてもう少し解説しておきます。

重母音が変音するのは、重母音の前後の音や声調が関係して音の混ざり具合が違ってくるからです。その音の混ざり具合が発音のスピードにより更に変化します。従って、どんな音に変化するかは一概には言えません。このように解説すると大変難しそうに感じますが、変音する理由は簡単なんです。例えば日本語の『お父さん』は『おとうさん』と表記しますが、実際は『おとーさん』あるいは『おとおさん』と発音されます。そのように発音した方が発音し易いからです。タイ人・日本人を問わず、我々の口は『発音しやすいように・口が動きやすいように』発音しようとするものなのです。むしろ変音するのは自然な流れです。日本語も同じですが，実際の発音と文字の表記は必ずしも一致していないのです。特に、重母音にその傾向が強く現れます。

Lesson 25　変音する重母音［ia］

ia

この音は Lesson 21 で『ia あるいは iya に近い音に聞こえる』と解説しました。しかし、発音記号のイメージからもっとズレた聞こえ方をする場合があります。

ia の次に n と ŋ が続く場合、普通の会話スピードでは ian / iaŋ よりむしろ ien / ieŋ あるいは iyen / iyeŋ に近い音で発音される語も多いです。特に、kian rian lian の類に属する単語に顕著に現れます。従って、発音記号が ia と表記されていても、振れのある音なので普通の会話スピードでは必ずしも一つの音だと決めつけない方がよいでしょう。

次の 74 の音を聴いてみてください。

74

khǐan	เขียน	書く
líaŋ	เลี้ยง	育てる
rian	เรียน	勉強する
riaŋ	เรียง	並べる
plìan	เปลี่ยน	変える，変わる
ʔiaŋ	เอียง	傾いた
sǐaŋ	เสียง	音，声

ia の部分が同じ発音記号（タイ文字も同じ）なのに違った聞こえ方をする単語があったと思います。今後、このように発音記号とズレて聞こえる音に出会った場合は、基本の音を頭に入れた上で、聞こえた通りに発音すればいいです。自分の聞こえ方が正しくないのではないかという不安があるかも知れませんが、タイ語をたくさん聞いているうちに聞こえ方も変化して行きます。そのとき修正すればいいです。

Lesson 26 変音する重母音［iao］

iao

この音は Lesson 21 で『 iau iyao iyau などに近い音に聞こえる』と解説しました。
しかし、会話のスピードが速くなると iyo や io と聞こえたりする場合も多いです。

まず、次の 75 の音を聴いてみてください。

75

bîao	เบี้ยว	ゆがんだ，だます
dǐao	เดี๋ยว	暫くの間，すぐに
khíao	เคี้ยว	(ガムなどを) 噛む，噛みくだく
khǐao	เขียว	緑色の
líao	เลี้ยว	曲がる
nǐao	เหนียว	粘りのある，ねばねばした
thîao	เที่ยว	遊びに行く

タイ語の音を聞き慣れていないうちは、このスピードの発音でも、母音が io と聞こえるかも知れません。普段ネイティブが話しているもっとスピードの速い音を聞くと、もっと io に近い音あるいは全く io の音に聞こえるかも知れません。その結果、iao という発音を知っていても、 iyo や io という音が別にあるのかと思ってしまいます。でも、iyo や io と聞こえる音は iao の変音です。

大切なことは、例え発音した音が結果として聞き手に io のように聞こえても、最初から io と発音するのではなく、iao / iau あるいは iyao / iyau のイメージで発音してください。このイメージで発音することにより、よりネイティブの音に近くなるはずです。

Lesson 27 変音する重母音［ua］

ua

この音は Lesson 21 で『ua あるいは uwa に近い音に聞こえる』と解説しました。この音も、もう少し違ったズレ方をする場合があります。

まず、次の 76 の音を聴いてみてください。

76

buam	บวม	腫(は)れる
khuan	ควร	～すべきだ，そうあって然るべきだ
lǔam	หลวม	だぶだぶの
muan	มวน	～本［タバコ］
múan	ม้วน	～巻き［フィルム・テープ］
ruam	รวม	含める，合計する
ŋûaŋ	ง่วง	眠い
ʔûan	อ้วน	太った

この音は ua や uwa に限らず、人によっては uo や uwo に聞こえたり、oa や owa に聞こえたりする音です。特に、ua に末子音の m / n / ŋ が続く場合にその傾向が強く現れるようです。

では、どのように発音すればいいのでしょう？

ここで、変音する重母音の発音の仕方をまとめておきます。

この Section の初めに述べたように、重母音はその前後の音や声調が関係して音の混ざり具合が違って来ます。また、その音の混ざり具合が発音のスピードにより更に変化します。同じ発音記号の音が全ての単語で同じ音を出しているとは限らないので、個々の音をこの音だと決めつけられません。従って、次のように考えてください。

① まず、Section 9 の基本の音をマスターすること。

② 発音記号と違って聞こえる単語の音は、個々の単語であなたが感じる音を出せばいいです。

③ ただし、発音記号よりもかなり短く聞こえ音［Lesson 26 の io や、次の Lesson 28 の単語］は結果的に短くなっても、元の発音記号のイメージで発音する。

以上が基本です。

タイ語の音に慣れて来て、自分の出している音が違っていると感じたら修正すればいいです。その繰り返しでだんだんネイティブの音に近づいて行きます。

Lesson 28 その他の変音する重母音

最後によく耳にする語で変音しやすい語を挙げておきます。

日常の会話ではこんな聞こえ方をするかも知れません。でも、自分が発音するときは結果的にこのような音になっても 77 の音のイメージで発音するようにしてください。

77

[chôi や chôe]	chûai	ช่วย	助ける，～してください
[dôi や dôe]	dûai	ด้วย	～で，～も
[tôe]	thûai	ถ้วย	茶碗，カップ，トロフィー
[kŭi•tĭo]	kŭai•tĭao	ก๋วยเตี๋ยว	クイッティオ［麺の一種類］
[rʉ̂e•rʉ̂e]	rʉ̂ai•rʉ̂ai	เรื่อย ๆ	まあまあ，相変わらず
[ló kɔ̂ɔ]	lɛ́ɛo kɔ̂ɔ	แล้วก็	それから

Section 12-3　l と r の欠落

Lesson 29　l と r の欠落

kr / kl / pl / phl など Lesson 22 で出て来た重子音の l や r が非常に弱く発音されるか、あるいは欠落してしまうことがよくあります。日常の会話では、むしろ欠落して聞こえることがほとんどかも知れません。

ここではそれがどんな音に聞こえるかを少し経験しておきましょう。

78

元気ですか？	sa•baai•dii máí khráp	สบายดีไหมครับ
元気です	sa•baai•dii khráp	สบายดีครับ

Lesson 23 の 61 [p.92] などの音にはちゃんと khráp の［r］の音が出ていますが、ここでは欠落しています。日常、この欠落した khráp を聞くことの方が多いでしょう。また、『疑問』の mái も変音しています。欠落や変音がありますが、これが普通の会話です。教科書通りではないですが、ネイティブと話すようになれば徐々に慣れて来ます。

79

昼	klaaŋ wan	กลางวัน
夜	klaaŋ khʉʉn	กลางคืน

上の２語は［l］の音をちゃんと出しています。

昼間に行って、夜に帰ります。

pai klaaŋ•wan, klàp klaaŋ•khʉʉn
ไปกลางวันกลับกลางคืน

80 ボクの家は近いですが、彼の家は遠いです。

bâan phǒm yùu klâi•klâi,
tὲε bâan kháo yùu klai•klai

บ้านผมอยู่ใกล้ ๆแต่บ้านเขาอยู่ไกล ๆ

81

誰と行くの？	pai kàp khrai	ไปกับใคร
誰でもいいよ	khrai kɔ̂ɔ dâi	ใครก็ได้
本当かい？	ciŋ rʉ̌ʉ•plàao	จริงหรือเปล่า

ここに出てきた語は l と r に関する欠落の一部です。日常の会話では、頻繁に起こる現象なので、このことを知っておかないと、自分が知っている単語であるにもかかわらず、別の単語だと思って辞書を引くことになります。でも、普通の辞書には l と r を欠落させた語は出ていないので、その単語を探せないままいつまでもモヤモヤした気分が続くことになります。

日常頻繁に起こる現象なので、ネイティブとの会話に慣れて来ると、自然にこちらも l と r を欠落させて発音するようになって来るでしょう。欠落して聞こえる単語でも、自分が発音するときには、たとえ結果的に欠落しても l や r の音が入っているイメージで発音してください。

特に、今後タイ文字を勉強しようと思っている方は意識の中では l と r を欠落させないようにしないと、タイ文字を正しく綴れなくなります。

Section 13　外来語

ここでは外来語の発音に関して一般的な５つの規則とタイ人が発音する英語のアルファベットについて解説します。ただ、規則といっても一般的な傾向であって、人によっては英語など、その元になる言語と同じように発音する人もいます。

Lesson 30　外来語の発音

① sh の音が ch に

日本語の『シャ・シュ・ショ』の音や英語の sh の音は ch の音で発音されます。

82

シャンプー	shampoo	chɛm•phuu	แชมพู
割り勘	share	chɛɛ	แชร์
ショートする	short	(fai) chɔ́t	(ไฟ)ช็อต
レジ	cashire	khɛ́t•chia	แคชเชียร์
ティッシュペーパー	tissue	thít•chûu	ทิชชู
Yシャツ	shirt	sʉ̂a chə́ət	เสื้อเชิ้ต

② z の音が s に

z の音は s に置き換わります。

83

ジャズ	jazz	cɛ́ɛs	แจ๊ซ
ピザ	pizza	pis•sâa	พิซซ่า
ファスナー	zip / zipper	síp	ซิป

③ l の音が n に

音節の最後に来る l の音は n に置き換わります。

84

伝票・領収書	bill	bin	บิลล์
リンゴ	apple	ˀɛ́p•pɔ̂n	แอปเปิ้ล
ボール	ball	lûuk bɔɔn	ลูกบอล

『ボール』の bɔɔn の発音　CD の音では bɔn と短くなっています。日常の会話では、このように長母音が短く発音されることが多々あります。

『ウルトラマン』が『ウンターメーン』に！

『ウルトラマン Ultraman』は、Ul の l が n に置き換わり『ウン』。man は a(エー：ɛɛ) をそのまま発音して『メーン』。
即ち、un•trâa•mɛɛn。更に、重子音の trâa の r が欠落すると『ター』となり、『ウンターメーン』と聞こえます。

④ v の音が w に

v の音は w に置き換わります。

85

テレビ	TV	thii•wii	ทีวี
ビデオ	video	wii•dii•oo	วีดีโอ
ビザ・査証	visa	wii•sâa	วีซ่า
インボイス	invoice	ˀin•wɔ́ɔi	อินวอยซ์
ボルト	volt	wóon	โวลต์

『ボルト』の wóon の発音が CD の音では wóol と語尾が［n］でなく英語の発音に合わせて［l］なっています。人によって違った発音をするという一例です。

⑤ ～s の音が ～t に

音節の最後に来る s の音は t に置き換わります。

86

ボーナス	bonus	boo•nát	โบนัส
ソース	sauce	sɔ́ɔt	ซอส
テニス	tennis	then•nít	เทนนิส
オフィース	office	ʔɔ́p•fít	ออฟฟิศ
ウイルス	virus	wai•rát	ไวรัส

Lesson 31 タイ語的英語のアルファベット

タイ人の発音する英語のアルファベット

もちろん正しい英語の発音をする人もたくさんいますが、タイ人的な発音の例です。特にタイ人と一緒に仕事する方は少し慣れておいた方がいいです。

87

a b c d e f g h i j k l m n
o p q r s t u v w x y z

88

特徴的な音を抜き出してみました。

H S
L R
V W X Y Z

特に、[H] と [S] は似ているので聞き間違えやすいです。

Chapter 3

今後の学習のために！

Chapter 3 今後の学習のために！

Section 14 意識すべきこと

Lesson 32 音の違いを意識する

今後のあなたにとって大切なこと。

それは、単語を覚えるときに音の違いを意識すること。

音の違いについて！

タイ語の学習では下記の２つの音の違いを区別する必要があります。

［１］『日本語の音』と『タイ語の音』の違いの区別。

［例］：『sii』と『シ』の違い。

『thii』と『チ』の違い。

［２］タイ語の似た音の違い。

［例］：u / ʉ / ə の違いの区別。

有気音と無気音の違い。

意識について！

上記の［１］の違いを区別するということは、［個々の音をネイティブの音に近づけるスキル (技術)］の問題です。この技術を磨くには、基礎を理解してタイ語の音をたくさん聴いてそれを真似ることです。ネイティブの発音に近づけたいという **願望** があれば、少し時間はかかっても知らず知らずのうちに **必ず** タイ語の音に近づいてきます。タイ語の音が身に付いてしまえば、その後は『日本語の音』と『タイ語の音』との違いについて特に意識する必要は無くなります。

上記の［２］の区別は、新しい単語を覚えるときに **常に意識** しなければならない区別です。違った音を出すと意味に違いが出て来て、正しく意思が伝わら無くなります（どういうことかはコラム『似て非なるもの』 [p.49] で解説しました）。また、その区別をしておかないと将来タイ文字の学習が必要になった場合に覚え直さなければならない単語がかなりの量になるので、今からちゃんとその違いを意識する習慣を付けておく必要があります。

どう意識するか？

単語を覚える上で何を意識すればいいのかを具体的に解説します。

意識しなければならないのは、下記の６項目です。

① 声調の区別
② 母音『ウ』『エ』『オ』の区別
③ 有気音と無気音の区別
④ 『ラ行』の区別
⑤ 末子音『ン』の区別
⑥ 末子音『～ｋ／～ｐ／～ｔ』の区別

タイ語の厄介な部分は、これらの区別をしないと、なまった発音という以前に意味に違いが出るために、正しくコミュニケーションができないことです。

これらの音を区別するということは、個々の音を出すスキル (技術) の問題ではなく、学習者自身の **意識** の問題です。

少し極端な話をすれば、あなたが『無気音』のつもりで出している音が他人に『有気音』に聞こえてもあなた自身が『有気音』と『無気音』を自分の中で明確に区別できていれば、今はそれでいいのです。『無気音』のつもりで出している音が『無気音』として聞こえるかどうかは、上記［１］のスキル (技術) の問題です。『無気音』のつもりで出している音が、先生に『有気音』だと言われたら、そのとき再度本書の解説を読み返してあなたのスキル (技術) を磨けばいいのです。［t］の音を出すスキルを獲得した時、あなたがそれまで考えていた［t］ の音が本物の『無気音』になるわけです。ただし、正しい［t］の音が出せるようになっても、単語を覚えるときに［t］と［th］の音の区別をしておかないと正しい発音はできません。この区別は、音を出すスキルに対して、単語を覚えるためのスキルです。

次に、この単語を覚えるためのスキルの一つの例を紹介します。

音の違いを区別するということさえ基本にあれば自分に適した覚え方をすればいいと思います。ここでは、参考までに単語の覚え方の一例を紹介しておきます。単語を覚える時に、ほんの**数秒間の手間**をかけるだけです。そして、単語を覚えるときは必ず声に出して、**『口で覚える』**という感覚で覚えてください。

① 声調の対処法

Lesson 2 の 04 [p.22] か、次の Lesson 33 の 89 [p.120] をこの順序で覚えてしまいます。それだけでいいです。

声調が違うと単語の意味が違って来るとの認識があればいいです。音を出すスキルは単語を覚えるに従って、タイ語の音を聞く量が増えるに従って、時間が解決してくれます。

② 母音『ウ』『エ』『オ』の対処法

以下［無視］とあるのは、日本語に近い音・ほとんど日本語と同じ音と考えてよい音です。これらの音は、音を出すスキルが向上するに従ってタイ語の音に近くなっていきます。従って、単語を覚えるためのスキルとしては特に意識しなくてよいという意味です。

『ウ』

u の音 --- 無視

ʉ の音 --- 意識する

ə の音 --- 意識する

『エ』

e の音 --- 無視

ɛ の音 --- 意識する

『オ』

o の音 --- 無視

ɔ の音 --- 意識する

③ 有気音と無気音の対処法

有気音［ ch / kh / ph / th ］--- 無視

無気音［ c / k / p / t ］---------- 意識する

④ 『ラ行』の対処法

l の音 --- 無視

r の音 --- 意識する

⑤ 末子音『ン』の区別

m の音 --- 無視（不安なら意識する）

n の音 --- 無視

ŋ の音 --- 意識する

⑥ 末子音『 ~ k / ~ p / ~ t 』の対処法

~ k / ~ p / ~ t --- 意識する（どの音も無視できません）

自分が発音する時に、その音の口の形・舌の位置で終われば、今のあなたにその余韻の違いが分からなくてもタイ語のネイティブは理解してくれます。

この末子音は聴いて判別できるようになるには、かなりの時間がかかる音です。［音と捉えるより余韻を感じて下さい］

Lesson 33 似た音のエッセンス

最後の Lesson です。ここでは、音の違いを意識するのに使えそうなセンテンスをまとめておきます。CD の発音を注意深く聴きながら音の違いを意識して発音してください。また、この Lesson のセンテンスは覚えてしまって、時々思い出したように発音練習をしてください。

声調

五つの声調の区別

89 maa màa mâa máa mǎa

Lesson 2 の 04 [p.22] と同じ音ですが、リスニング用に音と音の間隔を少なくしてあります。もう一度よく聴いて、この順序で一連の音の抑揚をイメージしましょう。

母音

u と ʉ と ə の違い［『ウ』の区別］

90 lʉʉm duu bəə ลืมดูเบอร์

忘れる 見る 番号 番号を見忘れる

e と ɛ の違い［『エ』の区別］

91 mii pèt pɛ̀ɛt tua มีเป็ดแปดตัว

ある アヒル 8 ～羽 アヒルが８羽いる

o と ɔ の違い［『オ』の区別］

92

phǒm mâi phɔ̌ɔm　ผมไม่ผอม

私　否定　やせている　ボクは痩せていない

有気音と無気音

ch と c の違い［有気音と無気音］

93

caan kàp chaam　จานกับชาม

皿　〜と　どんぶり　皿とどんぶり

n と m の区別も意識してください。

kh と k の違い［有気音と無気音］

94

thaan khài kài　ทานไข่ไก่

食べる　卵　ニワトリ　卵（鶏卵）を食べる

ph と p の違い［有気音と無気音］

95

phaa pai　พาไป

連れる　行く　連れて行く

th と t の違い［有気音と無気音］

96

khon thai taai sǎam khon　คนไทยตายสามคน

人　タイ　死ぬ　3　〜人　タイ人が3人死んだ

『ラ行』の音

l と r の比較［『ラ行』の区別］

97

raai•ŋaan lâa•sùt　　รายงานล่าสุด

レポート　最新の　最新のレポート

lɔ́t•təə•rîi　　ลอตเตอรี่　宝くじ

khâa lâo•rian　　ค่าเล่าเรียน

料金　学ぶ　授業料

［l］は舌先を歯茎に押し付けてからはじく感じで、

［r］は舌先をどこにも接触させずに発音すること。

『ン』の音

m と n と ŋ の比較［『ン』の区別］

98

sǎam sǔun sɔ̌ɔŋ　　สาม ศูนย์ สอง

3　0　2　3・0・2［数字］

khun chɔ̂ɔp kûŋ mái　　คุณชอบกุ้งไหม

君　好き　エビ　疑問　君はエビが好きかい？

kh と k の区別も意識してください。

末子音

～ʔ / ～k / ～t / ～p の比較［末子音の区別］

99

สระ	สัก	สับ	สัตว์
sàʔ	sàk	sàp	sàt
（髪を）洗う	チーク材	刻む	動物

Lesson 18 の 42 [p.72] と同じ音です。

聞こえなくても発音記号の口の形で終わること。

［ʔ］は、その前の母音《［sàʔ］の場合は［a］》の口の形・舌の位置を保ったまま声門を閉めた状態です。

次にあなたがやるべきこと！

語彙を増やすこと！

即ち、**似た音を 意識して 区別しながら単語を覚えること！**

参考図書

今後のタイ語学習の参考図書として拙著を紹介しておきます。タイ語の学習やタイ語を使う場面で役立つと思います。

ホームページ「タイ語の道具箱」 http://www.thaigolus.com/ にサンプル画像があります。一度のぞいてみて下さい。

『タイ語の覚え方・使い方』 Book 1 & Book 2

= 単語も文法も Step by Step=

イラスト満載！

でも、決して初級者専用ではありません。

・Book1 単語倍増計画

基本単語８５０語を覚えれば、あと少しのエネルギーを使うだけで語彙数が１７００語に倍増します。

・Book 2 正しくコミュニケーションするために

文法を中心に正しくコミュニケーションするために必要な事柄の解説。『似た単語の使い分け』や『似た発音の単語』についても解説。

基礎からタイ語を勉強するのに最適です。

文法の解説を交えながら、単語を効率よく覚えられるよう構成してあります。

『日タイ実用辞典 第２改訂版』

・日常の仕事や生活の場で役に立つことを主眼にした日タイ辞典。

・タイ文字にはすべて発音記号を併記。

・タイで生活するために必要かつ実用的な単語を収録。

・単なる単語集ではなく単語の使い方の詳解。

『日タイ Mini 辞典』

・携帯に便利！ サイズ： 7.5 x 11.8 x 2 センチ

・『日タイ実用辞典 改訂版』と同じ内容のものを携帯用として再編集。

『音で引く・タイ語検索 Book　改訂版』

・**自分が一番近いと感じた音で探せる便利な１冊。**

タイ語の音が日本人の耳にどのように聞こえるかを考慮した「OKA 式タイ語検索法」に従って編集してあります。

ナマのタイ語をローマ字感覚で引けます。ネイティブとコミュニケーションするようになると役立つ辞書です。有気音・無気音の区別、r と l の区別や欠落に気を使わずに引けます。

丁寧語の「khráp クラップ」が

　　「khap カップ」や「ka カ」に聞こえても、

郵便局の「prai•sa•nii プライサニー」が

　　「pai•sa•nii パイサニー」と聞こえても引けます。

『音で引く・タイ日実用辞典　第２改訂版』

耳にしたタイ語を発音記号とローマ字の２通りで引ける画期的な辞書。

巻末の『検索リスト』(上記の『音で引く・タイ語検索 Book』の簡易版) を使えば、普段タイ人が話しているかなり崩れた音からでも引けます。

『タイ日辞典』

初版は、「音で引く・タイ日実用辞典　第２改訂版」をタイ文字から引けるように再編集。

『タイ文字教室』　-- 読み書きの基礎から辞書の引き方まで --

・どこで分からなくなるのか？

・何を知っておかなければならないのか？

・どんな覚え方をするのが効率的なのか？

そんなことを考慮して構成してあります。

タイ語のアプリ

タイ語の辞書アプリ！

「OKA 式　音で引く・タイ語辞典」

iPhone & iPad 用

さっき聞いた
「あの語の意味は何だろう？」
というときに役立つ辞書アプリ！

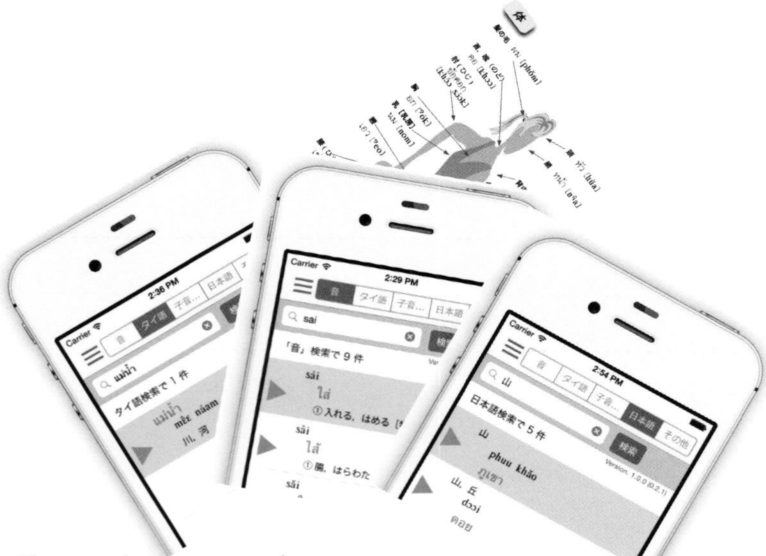

・聞こえた音からタイ語が引ける！

街中で聞こえてきたタイ語がそのまま
ローマ字打ちして検索できます。

・タイ文字からも２通りの方法で引けます。

・おまけに「簡易日タイ辞書」も付いてます。

詳しくは、ホームページ
「http://www.thaigolus.com/」を参照してください。

メモ

岡　滋訓（おか　しげのり）

同志社大学機械工学科卒.
大阪大学原子力工学科修士課程卒.
1980年　来タイ.
ボイス・ホビー・クラブ（カルチャーセンター）主宰.
バンコク在住.
著書（以下 Voice Thailand 刊）
『タイ語の覚え方・使い方　Book 1』
『タイ語の覚え方・使い方　Book 2』
『音で引く・タイ日実用辞典　第2改訂版』
『音で引く・タイ語検索 Book 改訂版』
『日タイ実用辞典　第2改訂版』
『日タイ Mini 辞典』
『タイ日辞典』
『タイ文字教室』

タイ語のアプリ
『OKA 式　音で引く・タイ語辞典』

タイ語発音教室

2008年5月30日　初版　第1刷
2015年10月15日　第3刷

発行者　岡　利衣子
企画・制作　Voice (Thailand) Co., Ltd.
CD 吹き込み　プリヤーパン　タンラカナーワニット
ソムマート　メカデーチャウィット
岡　玲那
発行所　有限会社　ボイス
〒 558-0015
大阪市住吉区我孫子西2丁目6番 23-305 号
Tel&Fax 06 (6695) 0866
発売元　株式会社　星雲社
〒 112-0012
東京都文京区大塚3丁目21番10号
Tel 03 (3947) 1021　Fax 03 (3947) 1617
印刷所　Sirivatana Interprint Public Co.,Ltd

ISBN978-4-434-11851-7　Printed in Thailand